祝賀

琢玉藝術珍藏特展

成功

余光中
范我存　全賀

丁酉年九月初二

琢玉藝術珍藏特展

國傳瑰寶琢玉璀璨稀世珍

明德格物愛玉惜玉君子藏

吳基列

丁酉季秋中澣　敬賀

琢玉工藝珍藏特展

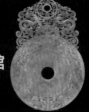

107.1.3 (三) **~1.23** (二) 週六、日休館

地點：雲林縣政府一樓親民空間展示廳

　　此次「琢玉藝術珍藏之粹」包含兩項子題，一、為精選古代玉器，二、藏玉工藝。玉器藝術的精湛，展現古今文明極高的藝術水平，凝結了歷史的風華，玉文化締造頂極工藝，留下最燦爛的文明足跡，不同年齡有不同感悟，古今穿越時空。技藝與質地之美，千變萬化，令人驚豔。

主辦單位：雲林縣政府　協辦單位：中華企業會計協會、台北市會計學會

雲林縣政府 廣告

雲林縣政府親民空間展出海報

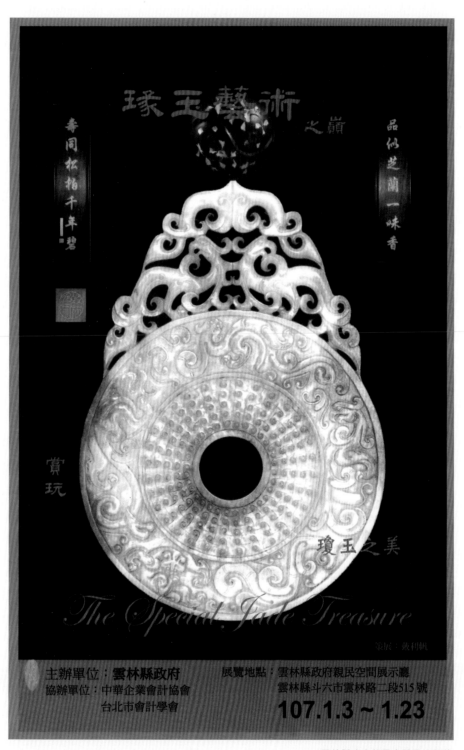

The Special Jade Treasure

賞玩

瓊玉之美

琢玉藝術之巔

壽同松柏千年碧

品似芝蘭一味香

策展：戴莉帆

主辦單位：雲林縣政府
協辦單位：中華企業會計協會
　　　　　台北市會計學會

展覽地點：雲林縣政府親民空間展示廳
　　　　　雲林縣斗六市雲林路二段515號
107.1.3 ～ 1.23

雲林縣政府親民空間展出型錄

球玉藝術珍藏

雲 之 粹

EXCLUSIVE
The Initiation of
DaiGuo Ming's Collection

壽同松柏指千年碧

清香

敬邀

品似芝蘭一味香

長春

有 長宜子孫雙螭璧   Qing Dynasty
A White Jade Disc 'Bi'

主辦單位：雲林縣政府　　展覽地點：雲林縣政府親民空間展示廳
協辦：中華企業會計協會、台北市會計學會　展覽日期：107.1.3－1.23

雲林縣政府親民空間展出型錄

安居樂業
YUNLIN
Live In Peace & Work With Happiness
雲林縣政府

感 謝 狀

府文展二字第 1073802944 號

茲感謝　戴國明　君

致贈玉器珍藏圖乙禎

特頒此狀　以表謝忱

縣長 李進勇

中華民國 107 年 3 月 26 日

THE
CRAFTSMAN-
SHIP OF
CARVING
JADE

琢玉藝術

珍藏特展

2017 11.07 THU. – 12.21 TUES.

國立雲林科技大學
藝術中心

| 平日 | 08:00 - 17:00
| 週六 | 09:00 - 17:00
| 週日休息 |

主辦單位｜雲林科技大學藝術中心　　協辦｜中華企業會計協會　　策展｜戴豪甫

YunTech
國立雲林科技大學

國立雲林科技大學展出海報

琭玉藝術

珍藏特展

THE CRAFTSMANSHIP OF CARVING JADE

國立雲林科技大學 藝術中心

| 平日 | 08:00 - 17:00
| 週六 | 09:00 - 17:00
| 週日休息 |

THU. 12.21

TUES. 11.07

2017 11.07－12.21

琭玉工藝 — 從琭玉藝術特展欣賞玉器之精華

玉器之歷史長遠，距今五千多年前史前文化，已知玉礦已層透運用，玉之美反映在玉器琢磨製作上，原計原物的玉文物，琢製有規矩，有力度，有廣度，輪廓清晰，琢工精，細部獨有，玉材表面處理拋光明亮照潤，玉體協調，座，匣，層次分明，主題明確，型體完美。一件古藝術品的完成，須具備雕琢藝，要有深厚的眼力，美學素養，才能將古玉器發揮的淋漓盡致，神形兼備，呈現在世人的眼前。

摹古歷代玉器工藝 欣賞玉材，技藝

■ 欣賞玉石在琢雕技藝

顯示玉的靈巧作品，玉材透過雕琢，成為有靈性的韻味，小科大作成巧雕，工多簡約傳神十足，流傳久遠。

■ 玉材運用特殊技法

反映在玉器琢工的難度上，跤雕工藝，活環活鏈，超高工藝技術，金銀鑲錯技術，刻鏤詩文琢工，超薄工琢玉雕，都是十分高難度的藝術工藝。

■ 玉雕是人類稀稍文化資產

精選玉料顏色光彩鮮艷，紋理自然，具有天然斑斕色彩之美，玉質堅硬細緻，有溫潤柔光之美，玉料瑩淨高潔，晶瑩靈透之美，玉化身為道德的亮節風範。

■ 玉器工藝屬於造型藝術

透過造型和紋飾，來表現玉器作品的多樣性，玉器之美體現在造型，對稱與平衡，平穩於比例，反度於節奏，對比相協調，空間與層次的規律。玉的造型有具體圖騰，畫面有主有次，疏密恰當，玉的跤雕、感雕、圓雕、立體，有靜有動。形象栩栩如生，靈活巧妙，富有情趣，恰似精神美好的感受。

■ 玉材在巧色的藝術中創作完美

有的玉料顏色是單色彩，玉石的天然顏色，正是創作巧色藝術的最佳條件，把玉石色彩運用的恰當絕妙，玉器自古以來選料精，加工琢製雕，設計多層玉雕工藝絕妙，為傳世人所稱道。玉雕的造型與顏色巧色，已達到天然渾成。多層次的巧雕，玉器工藝之精妙表現，也值得供人欣賞工藝之精華。

琭玉工藝藝術，以摹古歷代玉器最為精彩，真實藝術品是了解歷史的見證，體悟玉器工藝的精湛，彷彿穿越時空，讚歎技與藝的美，古與今的收藏品，都是藝術的結晶，變化萬千，靜靜欣賞時令人驚艷。

Jade Arts and Crafts

-Appreciating the spirit of jades through carving crafts and skills

Jade artifacts have a long history. Jade mines have been in operation since prehistoric culture five thousand years ago. The beauty of a jade is reflected from the pondering and production of the jade artifact. Original jade artifacts with breadth, strength, and rules in pondering show clear outlines and unique details. The polishing of the jade surface makes the jade bright and rounded with coordination and between seat and box. With clear subject, the jade artifact shows a perfect appearance. Good carving skills, deep insight, and aesthetic accomplishment are needed to complete one ancient work of art and vividly present its the spirit and a perfect appearance to the world.

Imitation of jade crafts
Appreciating jade and the skills needed

■ Most impressive part of jade is its carving skills

Work highlighting the dexterity of jade. Through the carving, jade materials distribute spiritual charms. Delicate cutting and polishing on the small material show the simple but vivid spirit, spreading the fame of jade.

■ Special techniques in jade craftsmanship

Engraving skills, slip ring and slip chain, ultra high processing techniques, staggered engraving of gold and silver, carving of poems, and ultrathin craft jade carving are all very difficult art processing skills in the cutting and polishing of jade objects.

■ Jade is a rare and precious cultural human heritage

Featured jade materials are brightly colored with natural texture showing the multicolored beauty. With a hard and meticulous beauty and a crystal clear and spiritual beauty, jade has become the ideal representation for high moral principles.

■ Jade craftsmanship is one of the plastic arts

Through modeling and decoration, the diversity of jade artifacts could be shown. The beauty of jade artifacts is embodied in their modeling, which includes symmetry and balance, smooth proportions, repetition of rhythm, comparison and coordination, patterns of space and graduation. The modeling of jade shows concrete totem with major and minor images and appropriate density. The engraving, carving, round carving, and three-dimensional carving of jade gives jade both static and dynamic charms. The lifelike, flexible, and emotional images of jades enrich feelings for the spirit.

■ Jade performs perfectly in different types of art

Some jade materials are single-colored. The natural colors of jade are exactly the optimal conditions for the creative arts depending on the original colors. The appropriate and wonderful choosing of jade colors in addition to the delicate processing and carving created well-known jade artifacts with multiple levels of meanings hidden behind the precise jade carving processes. The modeling and shapes of jade carving in coordination with appropriate colors make jade artifacts seem to be natural. Multi-layer delicate carving exquisitely conveys the essence of crafts to viewers and increases their appreciation.

Jade arts and crafts are most wonderful when it comes to the imitating of ancient jade artifacts in history. The real artworks are helpful for understanding history. Realizing the superb craftsmanship behind jade artifacts is just like travelling through time. You will praise the beauty in the skills and arts behind these artifacts. Both ancient and modern collections make-up the essence of arts with changeable contents. They will amaze you when you are quietly appreciating them.

國立雲林科技大學展出海報

2017 —— 11.07 TUES. – 12.21 THU.

THE
CRAFTSMAN-
SHIP OF
CARVING
JADE

琢玉藝術

珍藏特展

國立雲林科技大學 藝術中心

| 平日 | 08:00 - 17:00
| 週六 | 09:00 - 17:00 | 週日休息 |

64002 雲林縣大學路 3 段 123 號

No. 123 University Road, Section 3,
Douliou, Yunlin 64002, Tiawan, R. O. C.

Tel : (05) 534-2601 ext 2646

Fax : (05) 534-2176

E-mail : artcenter@yuntech.edu.tw
http://www.ac.yuntech.edu.tw

敬邀
INVITATION

印刷品

YunTech
國立雲林科技大學
National Yunlin University of Science & Technology

教育部教學卓越計畫補助

主辦單位 | 國立雲林科技大學藝術中心　協辦 | 中華企業會計協會　策展 | 戴蒙甫

國立雲林科技大學展出邀請卡

琢玉

為慶祝 27 週年校慶，藝術中心邀請金融界收藏家戴國明先生，展出收藏精選玉器擺件，展現精湛的玉石工藝之美。本次展出內容含精選古代玉器 12 件，精雕玉石 86 件，合計 98 組件。玉器技藝千變萬化，玉石美質令人驚豔，歡迎愛好玉石者蒞臨共襄盛舉，欣賞玉石精雕藝術之美。

琢玉藝術珍藏特展

日期｜106 年 11 月 07 日至 12 月 21 日
地點｜國立雲林科技大學 藝術中心
時間｜平日 08:00 - 17:00、週六 09:00 - 17:00（週日休息）

交流茶會

時間｜106 年 11 月 27 日（一）15:00

專 題 講 座
玉器收藏的意義與鑑賞

時間｜106 年 11 月 27 日（一）16:00
地點｜國立雲林科技大學藝術中心
講師｜台新銀行股務代理部

副總經理 戴國明 先生

工藝

欣逢二十七週年校慶，藝術中心特邀請展出「璨玉藝術珍藏特展」，精選「文物玉器擺件藏品」，奇特精湛的玉石工藝，技藝千變萬化，精美玉質更令人驚豔。

本校結合「科技、人文、藝術」教育，秉持「務實、智慧、創新」的理念，並以科技人文，創新設計，提昇智慧藝術，豐富心靈，達到教育美學品味涵養之目標。

藏家戴副總國明先生蒞校共襄盛舉，並舉辦「玉器鑑賞」專題講座，謹表誠摯感謝之意。

再次感謝各位嘉賓蒞臨欣賞。

璨玉藝術

展出圓滿成功

楊能舒

一零六年十一月二十七日

國立雲林科技大學
National Yunlin University of Science & Technology

典 藏 證 書
Certification of Treasurable Collection

雲科大藝字第1061102號

收藏家 戴國明 先生
捐贈「帶鉤風華」掛圖壹件
提供本校藝術中心典藏
弘揚藝教謹致此狀以資感謝

校長 楊能舒

中 華 民 國 106 年 11 月 27 日

國立雲林科技大學感謝狀

璿玉藝術珍藏 特展

The Exquisite Craftsmanship of Jade

目　錄

璟玉藝術珍藏特展-緣起

憑藉精準的收藏眼光與機緣，戴副總國明先生遊藝於收藏界已近三十年，在金融業中，鮮少有人如戴先生那般溫文爾雅，透著一股美玉般內斂而不張揚的文藝氣息。與喜愛藝術的朋友同賞古美術藝品、玉器工藝擺件時，戴先生更常常觀物而興，詩詞歌賦信口拈來，深厚學養自然流露，為生活增添不少雅趣。

中國歷朝皆尚古雅，戴先生亦深慕古風，故藉此次特展之機，精選各種形制的玉擺件珍品，展品包含簋、觚、尊、盤、壺、觥、爵、璧、彝、鼎、卣、盉、匜、鬲、薰等玉雕禮器，以及生活器皿、配飾等，形制規矩莊重、雕工俐落流暢、玉料薄厚勻稱而色澤一致、紋飾更是生動自然，在在顯示著玉匠圓熟深湛的碾琢技藝與古代文物的美學意境。每一件玉器皆精選名貴玉材，依循傳統古禮規範，輔以和諧完美的琢磨之工，更是難得可貴，令人欣賞讚嘆不已。展品具極高的藝術鑑賞價值，無論立體鏤空、平雕、圓雕、透雕，皆玲瓏剔透、氣韻生動，其景深遠近分明，圓滿呈現古中國天人合一的思想。

感於玉器之美，戴先生籌劃璟玉藝術珍藏特展，不僅期待能與諸藏友一同邂逅玉器之美，領略玉文化沉澱千年的絕世風華，更希望能以此為契機，引起社會的美學情感共鳴，啟發審美藝術教育。

The Launch of the Jade Art Collection Special Exhibition

With exquisite taste and some serendipity, Mr. Dai, the vice president of a renowned financial institution, has taken pleasure in his life as a collector for almost thirty years. Having a graceful temperament and an artistic disposition rarely seen among people working in the financial industry, Mr. Dai is no doubt a person endowed with the modest, gentle, but firm virtue of jade. When relishing the beauty of antiques and jade handicrafts with friends, Mr. Dai is often overwhelmed by spontaneous flows of aesthetic sensation that urge him to recite poems or rhapsodies. Through these moments of enlightenment, his life is thus enriched with refined delights.

All through the ages, Chinese people have always upheld the classical, ancient principle of beauty. Similarly, Mr. Dai is also an advocate of the greatness of classical Chinese art. In order to convey the elegance and magnificence of ancient Chinese culture to the public, he arranged the Jade Art Collection Special Exhibition. In this exhibition, various types of jade artifacts, including daily utensils such as bowls and plates, accessories such as girdle ornaments, and ritual vessels such as gui (簋), gu (觚), zun (尊), pan (盤), hu (壺), gong (觥), jue (爵), bi (璧), yi (彝), ding (鼎), you (卣), he (盉), zhi (卮), li (鬲), and xun (薰), were carefully selected and displayed.

With smooth carving skills, well-regulated forms, high quality ores, and vivid decorative motifs, these exhibits can be viewed as the perfect demonstration of jade craftsmen's ingenious techniques and the quaint artistic conception of ancient China. Furthermore, glamorized with advanced carving skills such as three-dimensional encasement, flat carving, and relief carving, the exhibits are splendid and high in artistic value. Deliberately designed, the compositions of the motifs can be considered the embodiment of the unity of heaven and humanity, the dominating philosophical concept in ancient China.

Moved by the beauty of jade, Mr. Dai thus decided to arrange the Jade Art Collection Special Exhibition, in hopes that this exhibition can not only be a grand gathering of his fellow collectors, but be a way to provide an approach for common people to a more refined perception of beauty. Above all, he hopes that this exhibition can give an impetus to aesthetic education in Taiwan.

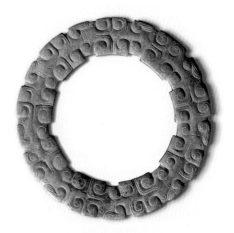

藏者序

全世界很多國家都產玉，但只有中國人自七、八千年前就以尊玉、愛玉的心，讓玉伴隨我們走過歷史的長河，並形成中國獨有，珍貴且深具人文內涵的玉文化。

中國玉文化從早期的敬天、權勢象徵演變到蘊含「仁義禮智潔」君子必備的五德特質，最終甚至衍生出玉能招祥避邪的世俗化觀念，遂使得玉在歷朝歷代都廣受國人喜愛。

少慕風流史事，對於和氏璧的掌故，更情有獨鍾。戰國時期，楚人卞和發現和氏璧，秉持忠誠之心獻諸君王，雖兩度遭誤解欺君以致雙足遭刖，卻仍不改其志，終讓楚國得到天下聞名的玉璧。其後又有藺相如完璧歸趙之典：秦昭襄王允諾以十五座城池交換和氏璧，卻言而無信，藺相如憑其勇氣與智慧，將和氏璧送返趙國，實現了他對趙王的承諾。在送璧歸璧的過程中，藺相如展現了玉文化特質中的義、智、勇，使完璧歸趙的故事傳誦千古。不只是一片丹心，玉文化所隱含的仁義智勇亦足以照耀汗青，我對玉器藝術品收藏的興趣，也萌芽於斯。

東漢末年，曹操以黃金千兩、白璧一雙，自南匈奴贖回才女蔡琰。這個故事不僅強調玉在古人心中的價值，更透過玉文化與美好人格特質之連結，讓歷史人物的生命光彩鮮活了起來。白璧冰清玉潔、溫潤堅實的美德，恰如其分的烘托了「文姬歸漢」中的故國之思、兒女離情，如此感人肺腑的情節，更在元明清雜劇及近代京劇中不斷地觸動觀眾的懷古之思。

大學時就讀國立成功大學會計系，特意選修中文系作輔系。四年的大學生活，在會計、經濟與財報分析的環伺下，幸得餘閒淹留於詩書叢中。

案牘勞形三十餘年，偶爾欣賞藝術品已成為一種無形的精神食糧。當機緣湊巧，邂逅喜愛的古美術時，心中更滿盈喜悅，總是迫不及待地去了解文物的內涵。在欣賞與收藏的過程中，感受每件藝術品內蘊的靈性，眼界隨之開闊，感動如潤物之春雨，點點滴滴滋養豐富我的心靈，但這樣的歡喜，卻不是爆發式的，反而如靜水深流，沉澱到內心的深處。

走過收藏的心路歷程，漸漸開始思考收藏的範圍與定位，在廣泛的文物藝術品中，傾心於玉器藝術品可謂難得的緣份，每當夜深人靜，燈下玩玉，獨賞玉器精湛工藝、流暢線條、潤澤玉質與形而上的意境，總覺與古人心有靈犀。藉由賞玉，我彷彿跨越時空，與古人神交，帶來心靈圓滿的快樂。

基於長年累積的文化底蘊，我深信玉器有歷史性、文化性、獨特性、稀有性、藝術性五大特性，雖一時蒙塵，但明珠在土，其光難掩，終有撥雲見日之時，故數十年間，始終堅定信念，持續收藏琢工美、神韻佳且沁色自然的古玉。收藏過程中，需要不斷付出時間與心力以吸收古玉知識，增進眼力，其間苦樂，如人飲水，冷暖自知。收藏過程中也免不了壓力，最大的壓力不是錯買贗品，而是以私人的財力，要成為一個真正的收藏家是很辛苦的，終有難以為繼之時。幸運的是，近三十年的古玉收藏之路，總不斷有貴人相助，才能累積到今日可觀的藏品。

文化藝術無國界，2008年中國主辦第二十九屆奧運，將青海崑崙玉鑲嵌入金牌、銀牌、銅牌。這個創舉使世界奧運盛典首次融入中國文化的特色，也再次肯定了玉器在全世界文物收藏史上的重要地位。尤其最近幾年，古玉在歐美、日本、香港的拍賣迭創高價，不僅吸引了全球收藏家的目光，也讓他們正視古玉的價值。

此次天緣輻輳，幸蒙國立雲林科技大學藝術中心盛情邀約，精心規劃玉器展覽，籌備期間逾壹年。感謝所有襄助策展人員的辛勞和付出，謹致上內心最誠摯的謝意。希望藉由這次的展覽，不僅能讓所有參觀者欣賞到玉器琢刻之美，也為中華文化的振興盡一份心力。

戴國明

謹誌　2017.11

Collector's Preface

There are numerous countries in the world that have jade mines or produce jade artifacts. However, among those countries, only China has developed a profound and peculiar "jade culture," which has lasted for at least seven to eight thousand years. Accompanied by jade throughout their generations, Chinese people are known for their love and respect for jade.

As time proceeds, the meaning of jade has evolved from merely the symbol of political power and veneration for the Heaven to a complex mixture of virtues, such as benevolence, righteousness, courtesy, wisdom, and cleanness, known as "the five virtues of a gentleman." Afterwards, people even developed a vernacular belief in which jade artifacts were said to have the power of bringing good luck as well as avoiding evil spirits. Hence, the love of jade became a common phenomenon which can be spotted in almost every dynasty.

Being a Chinese history enthusiast since my youth, I have always loved to immerse myself in stories about the past. Among those that I have read, "Jade Disc of He" (和氏璧) is definitely the one that touched me the most. During the Warring States period, Bian He (汴和), a man from the State of Chu, found a piece of jade stone on a Mountain. Recognizing the value of the stone, he offered it twice with a loyal heart as a tribute to the King. Unfortunately, he was twice accused of attempting to deceive the King, and thus both of his feet were amputated. Nevertheless, he remained firm in his will, and on his third attempt, he successfully moved the King and let the state of Chu obtain its heredity treasure—the Jade Disc of He.

And then there was the story about how Lin Xiangru (藺相如), a

retainer who served the State of Zhao, returned the Jade Disc of He to Zhao. In order to get the priceless jade artifact, the King of Qin promised to offer Zhao fifteen cities in exchange. But since the King of Qin was infamous for his untrustworthiness, the State of Zhao did not wish to take the deal. As a diplomat, Lin Xiangru went to the Qin's court, and with his extraordinary courage and wittiness, he brought the jade disc back to Zhao without doing any harm to the relationship of the two states and fulfilled his promise to the King of Zhao. In the process of sending and returning the jade disc, Lin Xiangru performed the virtues of the jade, which are righteousness, wisdom, and courage. Hence, this episode has become one of the most told jade stories in Chinese history. Through these stories, I realized that the concepts of virtue implied in jade can irradiate the seemingly dark and gloomy historical records, and therefore, here roots my interest in collecting jade artifacts.

In the Eastern Han Dynasty, there was yet another story about how Cao Cao (曹操), the Imperial Chancellor, redeemed a talented woman named Cai Yan (蔡琰) from the Southern Huns (南匈奴) with a thousand taels of gold and a pair of white jade discs. This record not only emphasizes the value of jade in the ideology of ancient Chinese people, but also brightens up the life stories of the ancients by manifesting the connection between jade culture and virtuous deeds. The purity, gentleness, and firmness of the white jade discs in the episode of Cai Yan's redemption judiciously present Cai's love towards her nation and her children. Since the story really touches the cord of Chinese people's heart, it had been adapted for many theatrical genres like Zaju (雜劇 the prevalent theatrical genre in Yuan Dynasty) and Chinese opera, and thus it becomes a plot that constantly stirs up the audience's reminiscence and meditations on the past.

In my college years, I was an accounting major in National Cheng Kung University. Meanwhile, I decided to minor in Chinese literature, for I have always been a lover of Chinese poetry and proses. Although my college life was enveloped by accounting principles, economic phenomena, and earning analyses, I was fortunate to have some idle time to indulge myself in the fascinating maze of Chinese literature.

In thirty years of busy work, occasional appreciation of art has become nourishment for my mind. Whenever I get the chance to encounter some enthralling old works of art, I always feel a sweeping joy that urges me to further discover the connotations of these cultural relics. While collecting and appreciating these priceless treasures, I can feel the spirituality that lies in every piece of art. This experience not only broadens my horizons, but also touches my heart with a nourishing power as tender as spring drizzles. The pleasure of appreciating and collecting works of art is not explosive and intensive. Instead, it is a blissful, everlasting delight that flows calmly into the innermost.

After years of the spiritual journey of collection, I started to contemplate upon the wide scope and complex positioning of collection, and thus I realized that it was chance that led me to a particular fondness for the collection of jade artifacts. Whenever I admire the daintiness of jade artifacts under the light in the still of night, I feel exclusive admiration for the mastery of workmanship, the smoothness of the carved lines, the mellowness of the texture, and the sophisticated, metaphysical artistic conception revealed in these invaluable works of art. By appreciating jade artifacts, I feel like I am spiritually attached to the ancients. It seems as if I could surpass the boundaries of time and space, and directly communicate with them. The profound joy that this experience brings me always fills my heart with a sense of consummation.

Based on my knowledge of our culture, I conclude that jade has five features: historic value, cultural significance, uniqueness, rareness, and artistry. Although the beauty of antique jade is still unknown to the public, I believe that jade is like a bright jewel covered by dust. Its brilliance cannot be concealed forever, and one day, its stunning beauty will charm the world, like the sun dispelling the mist and revealing its radiance. Therefore, over these years, I have firmed my conviction and continued to collect antique jade artifacts with delicate carvings, graceful and artistic designs, and natural colors. Besides mere collecting of artifacts, gaining knowledge is also indispensable. In order to become a qualified collector, one need to constantly devote his time and effort into absorbing knowledge of jade and broadening his horizons. As a saying goes, "the person who drinks it knows best whether the water is hot or cold," the difficulties faced and the happiness brought by the process of collection are the experience reserved to the collector himself. While collecting antiques, collectors are inevitably bothered by stress and anxieties. For me, the greatest pressure does not come from the fear of buying counterfeits. Instead, it is the difficulty of becoming a qualified collector with limited personal financial resources that constantly besets me. However, I have been fortunate to have many benefactors over the past three decades. It was their munificent assistance that enabled me to accumulate a considerable amount of jade collection.

Art and culture can surpass the boundaries between nations. In 2008, China hosted the twenty-ninth Olympic Games. By embedding the Qinghai Kunlun jade in gold, silver and bronze medals, China accomplished a pioneering work, in which elements of Chinese culture were, for the first time, blended into the Olympic Games. With this innovative attempt, the crucial status of jade in the history of antique collections was affirmed. In recent years, the auction prices of antique jade have hit a new high in Europe, the United States, Japan and Hong Kong. This implies that antique jade artifacts not only attracted the attention of global collectors, but also astounded collectors throughout the world by its potential value.

In the end, I would like to thank the Art Center of National Yunlin University of Science and Technology for inviting me cordially to be a curator of this meticulously planned jade exhibition, which has taken more than one year of preparation. It was my great honor to participate in such an event. Also, I would like to thank with all sincerity the staff members of this exhibition. The exhibition would not be so successful without their devotion of time and effort. I hope that this exhibition can not only allow all visitors to enjoy the beauty of jade, but also become an event that contributes to the revival of Chinese culture.

Guoming Dai   November, 2017

切磋琢磨－略探玉器工藝製程

夫玉，石之美者也。自古以來，玉器在華人文化圈中備受重視，玉雕工藝傳承七千年，不僅是美學的導引與財富的見證，玉石溫潤堅實、需切磋琢磨方顯其美的特徵，更彰顯「君子比德於玉」之精神。一位哲人說的好：「玉由粗拙不堪到晶瑩剔透，其歷程是艱辛的。這就難怪重感情的中國人，要將它與君子的風骨相媲美了。如果你知道在那技術雖精湛，工具卻原始而絕不簡便的時代，一個精美的玉器作品，從採玉、開玉到雕琢成器的全部過程，那不僅是歷史的、文化的、精神的、歲月的一部分，還是生命的全部。」

玉器工藝的精髓，在於「量材就質」，貌不驚人，沉潛自守的璞玉，需經過繁複的工藝，配合玉匠的火眼金睛，方能煉去雜質，昇華為溫潤而精緻的藝術作品，如商代「安陽殷墟」出土的巧雕玉龜，白身黑殼，生動萬分，即為藝術家巧手天工，將材質特性發揮到淋漓盡致的成果。琢玉工藝製程可略分為六大步驟：審料、開石、圖案設計、雕琢刻劃、打磨、拋光出水。以下針對每個步驟，逐條簡介：

一、審料：

依據器形需求，挑選玉材的質地、顏色、光澤、透明度、塊度與形狀。所謂「高玉不琢，良玉不瑑」，選料務求雕製時能保留玉石原礦特色，使觀者得以賞玩其自然天成的石韻，別有一番情趣。

二、開石：

審料後，玉匠需細觀石裂璺方向，去除圍岩，並由順紋或順主絡的方向切開，謂之開石，此為重要的第一刀，不得馬虎。古語云「一相抵九工」，先辨識石紋的走向再下刀開石，方能確保其斷面不會破壞整體美感，影響其後工藝設計程序。

從清光緒十七年李澄淵繪製之參考玉作圖中，可知切割玉石不能使用普通刀具，而是須將硬度高於七度的礦物如石英、榴石、剛玉、金剛石等，研搗為砂粒狀，謂之搗砂，其後漂洗雜質、篩細砂，謂之研漿，再將經過這兩道程序製成的「解玉砂」順水滴於玉璞（包裹著圍岩的玉料），輔以條鋸、砣機來回帶動

砂粒，琢磨玉料。

此外，璞玉尚須經過扎塌、沖塌、磨塌等工序，截去邊料、磨掉直邊稜角，並使表面光滑，利於紋飾處理。

三、圖案設計：

玉匠以別具一格的美感與豐富的經驗，配合玉材紋理色彩設計圖案，突出主題，務求華而不亂，主次分明。如清代蘇州玉匠巧用琢碗邊料之白紅雙色玉皮，輔以繪畫透視技法，設計成生動的江南庭園景色『桐蔭仕女圖』，便是圖案設計的模範案例。

四、雕琢刻劃：

玉器工藝的靈魂所在。玉匠根據前項工序所設計的圖案，運用高浮雕、透雕、鏤雕、立體雕琢等工藝製作玉器擺件。以下介紹數個較常運用的雕琢技藝：

1、掏膛：

挖空容器的內部的技術。以鋼捲筒旋進中央，形成一根圓柱，再抽出之，若抽取力道不足，整件玉器會碎裂。取出玉柱後，需用錐琢磨內膛，使之平整。

2、上花：

以小形軋塌在玉器表面琢磨花紋，又稱丁子，依軋塌形狀而有不同線條。

3、打鑽：

使用彎弓帶動鑲有金剛鑽的軋桿，來回轉動鑽出圓孔。

4、透花：

雕製鏤空花紋的技法。玉匠使用一種稱為「搜弓」的特殊器具，來回拉弓帶動解玉砂，以解玉砂碾成透空花紋。

五、打磨：

由粗砂到細砂，經多道手序磨製玉石，並用油刀手工在玉石上來回打磨，完成粗胚。

六、拋光出水：

拋光是把玉器表面磨細使玉面光滑明亮，包含兩道手續，第一道稱為木塌，以木料塌具拋光，第二道稱為皮塌，以牛皮包塌拋光玉表。拋光後尚須以特殊配方清洗玉石，使其泛出溫潤油亮的光澤，稱為出水。

Carving, Polishing, and Refining—a Brief Introduction to the Processing of Jade

In Chinese, jade is defined as "the most beautiful among stones." Since ancient times, jade has been highly valued in the Sinosphere. As an inheritance which is passed on from at least seven thousand years ago, jade craftsmanship is not only the standard of aesthetic and the symbol of wealth, but also a demonstration of virtues, for the firmness and modesty of jade are held as a model of gentlemen. Moreover, Chinese people believe that one needs to constantly polish his or her personality in order to become a person of noble character and integrity, and this self-cultivation process resembles the processing of jade, for the beauty of jade will not be revealed until it is polished. Thus said a sage, "to transform coarse stones into glistening jade is indeed a long and difficult procedure. No wonder sentimental Chinese people always like to draw an analogy between jade and the nobleness of gentlemen. In an era which techniques were extremely exquisite but carving tools were primitive and inconvenient, the making of a piece of delicate jade art is by far a pure amazement. Hence, the processing of jade arts, including mining, carving, and polishing, should not be regarded merely as a part of our history, our culture, and our spirit, but the embodiment of the entire 'life' of our nation."

The essence of jade craftsmanship lies in the comprehensive knowledge of the texture of ores, for this knowledge enables craftsmen to bring the characteristics of an ore into full play and create a wonderful piece of art. With the aid of a craftsman's penetrating insight, a humble, crude ore still need to be refined with complicated techniques to be sublimated into an artwork modest in style but sophisticated in details. Take a jade turtle excavated from Yinxu (殷墟), ruins of the Yin dynasty located in the Anyang Prefecture (安陽) of China, for example. In this unearthed artifact, we can see how the craftsman deliberately made use of the natural colors and texture of the ore to create a vivid jade turtle with black shell and white skin.

The processing of jade can be roughly divided into six steps: material examination, ore splitting, motive design, carving, burnishing, and final polishing. A brief introduction of these processes will be provided in the following paragraphs.

1. Material examination :

Firstly, jade craftsmen will thoroughly examine the ores and choose the piece of material that best fits the form and design of the jade artifact. Qualities such as texture, color, gloss, transparency, thickness, and shape are all take into account during this process. As they say, "the more sublime it is, the less refinement it needs," the major principle of jade ore selection is to ensure that the original features of the ore can be preserved after the ore is carved and polished. In this way, people admiring the completed jade artifact get a chance to appreciate the natural quaintness of the jade stone, which gives the appreciation experience a touch of unique amusement.

2. Ore splitting:

After the selection of material, jade craftsmen must observe the direction of cracks on the ore, remove the surrounding rock, and decide where to commence the cutting process. The first cutting line, which is treated with extremely caution due to its significance, usually follows the patterning/texture or the main crack of the ore. As indicated by the ancients, "the importance of ore inspection is nine times more than the carving techniques," to ensure that the cutting of the ore will not affect the following processes, close observation of the direction of lines on the ore is by far essential.

According to a painting of jade processing composed by Chengyuan Lee (李澄淵) in the seventeenth year of the Qianlong era (乾隆), the splitting of jade ore requires a special material called "jade sand," for jade with its hardness can by no means be split by common cutting tools. Therefore, it is necessary to prepare a special lubricative material called the "jade sand" before commencing the cutting process. There are two procedures in the making of jade sand. Firstly, stones with hardness over 7 on the Mohs scale, such as quartz, garnet, corundum and diamond are gathered, pounded and ground into grainy shape. This procedure is known as "sand pounding." Then, the sandy material obtained from the first procedure is rinsed and filtered in the next procedure, which is called "pulverization." The final product of these procedures is the "jade stand." To cut the jade ore, jade craftsmen will first put the jade sand and some water into a hanged pot with holes at the bottom. This enables the jade sand to drop along with water onto the jade ore, from which the surrounding rock is not yet removed. Afterwards, craftsmen will use a band saw to move the jade sand back and forth. Since the jade sand is higher in hardness than the jade ore, the drifting sand becomes a "blade" that cuts, polishes and refines the ore. In addition to the rudimental cutting process, an ore must go through a series of rubbing procedures to abrade edges and unnecessary substances. These procedures burnish the surface of the ore and facilitate the following carving process.

3. Motive design:

With their distinctive sense of beauty and ample experience, craftsmen design the shapes and motifs of jade artifacts according to the texture and colors of the ores, in pursuit of designs that are distinct in themes, elaborate but yet orderly. For instance, a group of jade craftsmen from Suzhou prefecture in Qing Dynasty tactfully transformed the bicolor (red and white) "peel" of jade—the seemingly useless remainder pared off from a jade bowl—into a vivid carving work that shows the diversified scenery of a Chinese garden. By narrow examination of the nature of the raw materials and skillful use of perspectives, they successfully carried out the process of motif design.

4. Carving:

Carving is probably the essence of jade crafts. After designing the motifs, craftsmen employ various techniques such as high relief, openwork, and stereoscopic carving to realize their designs. Brief introductions of some common carving techniques are as follows:

Hollowing up the ore: To hollow up an ore and produce a vessel/container, jade craftsmen will bore a steel reel into the ore to create a cylinder of jade. Afterwards, they will carefully pull it out and polish the bore to level it. The cylinder must be pulled out with considerable force, or else the entire jade ore might collapse.

Miniature carving: Jade craftsmen often use a unique tool called gaguo (軋堝) to carve fine patterns on the surface of the jade stone. The shape of the carving lines differ by the shape of gaguos.

Perforation: To drill holes on the jade stone, a bow-shaped tool is used for rotating a diamond-tipped pole. The high rotational speed enables the pole to penetrate the surface of jade ores.

Ornamental engraving: A technique that produces delicate adornment by making piercings, holes, or gaps on the jade stone. Craftsmen often use a tool called Sougong (搜弓), a bow-shaped appliance, for moving the "jade sand" to create openwork on jade ores.

5. Burnishing:

In this procedure, the carved jade stone is burnished by sand. Initially, the jade stone is polished by coarse sand. As the surface gets smoother, finer sand is used for the refinement of the stone.

6. Final polishing:

Being roughly burnished, a carved jade stone still need to undergo the final refining procedure to be molded into a jade artifact. During the final polishing, the coarseness of the surface will be completely eliminated within two subordinate procedures, which are polishing with colyliform tools made of calabash and polishing with cowhide-covered colyliform tools. Afterwards, the polished jade artifact will be thoroughly rinsed with a special kind of liquid formula to draw out its mildness and splendor.

千年傳承－歷朝玉器流變

中國是用玉最早的國家，8000年前就已發展出相當進步的琢玉工藝，其後歷朝不但雕琢了不計其數的玉質精品，作為全人類的文化財富被國內外廣為收藏，更在浩如煙海的文獻典籍中，留下了與玉相關的豐富記述。中華民族有很深的崇玉心理，玉被視為美好、純潔、高尚、神聖的象徵，儒家的創始者孔子將玉材的自然特徵人格化，並納入他所劃定的道德規範，如「溫潤而澤，仁也」，便是當時社會「君子比德於玉」之道德觀的真實寫照。

玉的歷史橫亙數千年，依據時代背景不同，玉器的功能也不一樣，各朝都有獨創的主流紋飾、主題與製作工藝，雖說如此，玉器的演進並非斷代史，而是承先啟後，依循一定的發展脈絡不斷蛻變、昇華。

古人精心碾琢成器

玉器最早的功能為裝飾，史前人類已經懂得用單件佩玉修飾體貌。遠古時代，玉器雕琢為以石攻石，用比玉硬度更高的天然礦石來治玉材，再配合解玉砂為媒介磨玉料，將原礦玉石用切、磋、琢、磨等原始工藝製成玉器。此後玉之碾琢工法愈趨複雜，有手工沖磨、碾琢、敲、刻刀、琢玉、切料等，玉料上的線紋則以絲條鋸準，此外更發展出勾、挱、頂撞、敲等五花八門的碾琢技藝。由於工具的進步與技法的創新，不同年代有不同的琢玉風格，古玉因而成為歷史年代的重要標尺。

玉器圖騰工藝發展

考古實物證實，遠古文化期玉器的陰線紋為手工刻磨，而非後世熟悉之碾琢技法，在放大鏡下，遠古文化期玉器刻面凹凸不平，顯然並沒有使用砣具。商周古玉文明發展迅速，出土玉器在放大鏡觀察下，可看出已使用碾琢技藝配合金屬器具雕製圖騰。因工具不斷地精進演變，玉石琢磨成器已有一套製作程序，反映出琢玉工藝的成熟。從遠古到近代，玉器碾琢工藝進化的腳步從未停歇，以下將淺析歷朝玉器工藝、圖騰與用途之特色，供讀者參考。

從石器到鐵器—文化期至漢代的琢玉流變

文化期玉器紋飾主要以手工琢製陰線刻繪，雖粗細不均，線條不暢，有斷續感且起落明顯，然勝在自然古樸、遒勁蒼健，展現玉石天然之美。文化期玉器的鑽管與圓圈旋紋，則為金屬砣切磨而成，中間粗兩端細，琢磨時先由中間再向兩端切割，最後修整，再用獸皮拋光，顯得十分精巧。此時期的紅山、良渚文化玉器，以寬砣雕琢的淺寬線與微小去地後的『隱地凸起』陽紋最富特色，其中良渚文化玉器以神人獸面紋聞名，器表分為上下兩區。上區刻有神人平行冠羽，為砣具逐段雕琢，圓管鑽磨而成。下區線紋繁密，為手持尖利工具刻琢而成，紅山文化玉器則多獸形圖騰，以砣具鏤空技法琢成，具上寬下窄，邊緣薄刃之特徵。

西周中期以後，以璜為主體，雜以珠、管的多璜組玉佩出現，璜上的紋飾也由夔龍、夔鳳取代了遠古的饕餮和神面。春秋戰國，鐵器工具日漸普及，玉器雕琢多以金屬線具拉鋸雕鏤，發展出『造型鏤空』的特殊工藝，經典造型如S形龍，龍之嘴、足、爪與卷尾等，皆始於東周。此時期的玉器多呈不規的鏤空狀，器形圓滑流暢，展現大塊玉胚的切割，浮雕、透雕和線刻藝術，可謂玉器工藝的大躍進時代。

漢代集前朝工藝之菁萃，製作更加圓熟凝鍊，管狀鏤空融合了立體化與凹弧面的琢製，顯出虛實相應之美；圓孔塑營造勾轉力度，呈現技與藝的完美結合。此外，漢初組玉佩除邊遠地區外，中原地區已明令停止使用，取而代之玉舞人、玉環、玉觿、玉龍形佩等新型玉飾。

碾琢技藝的高峰與式微——隋唐到近代玉器發展史

隋唐時期貴婦人重視妝飾，出現了貴金屬與玉組合的金鑲玉、銀鑲玉首飾，以及挽髻的玉簪釵，固冠首飾等，玉器上以植物為紋飾者眾，此風雖濫觴于漢，然興盛於唐。唐代玉器反映自然生態的花卉果實等組合的玉器紋飾極多，如牡丹紋、蓮花紋、石榴紋、葵花紋等。

宋遼金元時期，玉器漸漸擺脫禮制的束縛，向世俗化、生活日用化轉型，琢玉技藝更達到新的高度，與當時的繪畫、雕塑同步發展，出現大量的肖生玉、裝

飾玉。紋飾部分呈現多樣化發展，有鶻捕天鵝或雜花卉之飾，謂之「春水玉」，以及熊鹿山林和山林伏虎之紋，謂之「秋山玉」，反映北方遼金時期遊牧民族狩獵的情趣和場景。元時還出現帶扣，統稱條環，這是元代匠師打破廠規，不拘泥於一鉤一環所創造出來的新樣式。元代之後，明、清這種帶扣大量流行。

明清時期，無論朝廷皇室或是民間，用玉皆大增。下面分別談談明清時期的玉器特點：明代承襲兩宋，特別是南宋以來商業貿易的飛速發展，民間因此變得富裕，其玉器的發展也與社會變化息息相關，總體而言，明代玉器逐漸脫離五代兩宋玉器形神兼備的藝術傳統，形成追求精雕細琢，純粹裝飾美的藝術風格，另一方面，因應當時社會崇尚古玉之風與日漸增加之需求，明代中晚期之玉器亦出現粗獷、追求產量而不重品質的情形。明代的皇家用玉都由御用監監製，民間亦盛行觀玉、賞玉之風，在經濟、文化發達的大城市中都開有玉肆，最著名的碾玉中心是蘇州。同時，古玩商界為適應收藏、玩賞古玉的社會風氣，甚至大量製造古色古香的仿古玉器。

明初玉器出土和傳世均有佳作，風格繼承元代，作工嚴謹而精美。玉器所採用的玉材光澤較強，碾工遒勁，磨工精潤，不重細部，保存著元代玉器遺風。明中期的玉器作工較初期簡略，但亦承襲元末明初文人文化的興盛，多具有文人色彩的玉器。晚明前期社會穩定，城市經濟繁榮，民間富裕，玉器產量有所增加。著名玉雕工，出自蘇州專諸巷的陸子剛，是當時玉雕的傑出代表。此時玉器有玉帶鉤、玉碗、玉盂、玉壺、玉爵、玉圭、玉佩、玉帶等。當時古玉已成古董，是高價的特殊商品，由於市場需求量大，於是出現了追求數量，忽視藝術的不良傾向，風格明顯變得粗獷，精工者較少，多與金銀寶石鑲嵌工藝結合。此時期玉器厚重，裝飾繁瑣，流傳至今有大量的玉壺、玉杯。在圖案方面，符瑞吉祥的諧音題材甚為風行，「圖必有意，意必吉祥」，玉器紋飾首先是為了祈福，其次才是為了美觀。此時期以陸子剛為代表的作玉以及文人用玉呈現交錯發展的形勢。

清代在我國玉器史上堪稱最鼎盛的時期，尤其乾隆二十五年(1760)征服新疆南部的回都，掌握和闐玉脈，玉器工藝更發展繁榮，盛況空前。清代玉器從皇宮到民間，用玉、賞玉、玩玉之風極盛，古玩充斥宮廷，其陳設、衣著、用具、供品

無不用玉器、寶石和金銀來製作。此時宮廷玉器按用途可分為陳設類、配飾類、文化用品類、器皿類與鑲嵌類等。

其中，陳設類如鼎、尊、爵、斛、觚、玉山子、插掛屏、鐘、花插、如意、花熏、動物、人物、瑞獸等，數量多、形體大而雕琢精美；佩飾類如朝珠、帶鉤、扳指、手鐲、環、佩、牌、墜、漆器木器的嵌飾等，以玉為飾在清代極為盛行，用途廣泛，種類繁多；文化用品類如文房用品、小型微型玉雕等。此類玉器造型豐富，尤以古樸典雅的文玩用品最具代表性；器皿類如盤、碟、碗、杯、盂、盞、盒、執壺、筷、勺、叉等，上至宗廟的玉冊、祭器、資產至飲食起居無不用玉製作；鑲嵌類如玉鑲嵌、百寶嵌、金鑲嵌、珠寶嵌等，此類鑲嵌工藝在清代已成風氣，用金銀鑲嵌的玉飾佩件逐漸增多，除繁複華麗之外，更顯示佩帶者高貴的身份。

琢玉工藝部分，清代琢玉是在傳統工藝基礎上發展起來的，不僅吸收了歷代玉雕的長處，將傳統的陰線、陽線、浮雕、鏤刻等技術發揮得淋漓盡致，還有了創新和發展，如薄胎和壓金銀絲工藝之結合。清代玉器線似直尺，圓似滿月，尤其是宮廷玉器花紋稜角方方正正，絕不離規矩，玉器拋光表面細緻，多呈油脂或蠟狀光澤。清代玉器造型方面情景突出，紋飾多寓意吉祥，不僅有山水人物、花鳥魚蟲，更有神仙故事及吉祥文字設計，如四季平安、幸福富貴、萬象昇平等，其工藝細膩，一絲不苟，從大件《大禹治水圖》山子到小件香囊等，遠觀意境十足，近看亦耐人尋味，許多作品更達到現代也難以企及的工藝水平。

值得一提的是，乾隆嘉慶時期宮廷中工藝品仿古盛行，此風與乾隆的愛好有關。此時期之仿古玉器比諸宋、明時期，顯得嚴謹規整，具有很高美學價值。痕都斯坦玉於又稱「印度玉」或「莫臥兒玉」，乾隆二十四年傳入中國。痕都斯坦玉器（西番作）瑩潤細薄，工藝細膩精湛，人稱「薄胎器」。乾隆對該玉器非常激賞，多次賦詩讚譽，並大力宣導國內工匠學習薄胎器之作工，結合中國傳統工藝，創造出帶有西番特色的玉雕風格，同時也推動中國玉雕工藝進一步發展。

上世紀五十年代，流傳千年工藝逐漸退出歷史舞台。近代玉器大量使用科技工具雕製，純手工玉雕已不復見。

Heritage of Antiqui- ty—How Jade Crafts Change Over Time

With highly developed jade carving techniques which date back to at least eight thousand years ago, China is among the earliest countries to use jade in both rituals and daily life. Ancient Chinese people carved countless quality jade artworks which have not only been regarded as invaluable cultural legacy of human beings, but also been widely collected all over the world. Moreover, a great amount of information and stories about jade and jade craftsmanship have been written down in ancient books and records. Being considered as the symbol of beauty, purity, loftiness, and sacredness, jade has been deeply worshipped by the Han people. Confucius, the founder of Confucianism, thus incorporated the personified natural features of jade into the moral norms that he advocated. As written in the *Book of Rites* (禮記), "the quality of benevolence is warm, mild, yet influential," it is clear that traditional Chinese society views the virtuous connotations conveyed by jade as the major focus of the gentlemanly pursuit of morality.

The functions of jade vary over time, and each dynasty has its original patterns, motifs, and carving techniques. However, the evolution of jade crafts cannot be viewed as a series of segmentary, unconnected incidents. Instead, it is a consecutive, metaphoric process.

Transforming crude stones into sophisticated artifacts through meticulously polishing.

The earliest developed function of jade artifacts is decoration. Prehistoric men had already learned to adorn themselves with jade ornaments. In the ancient times, the carving of jade was done by minerals or stones with hardness higher than that of jade. With the aid of the "jade sand," craftsmen refined the ores with primitive techniques such as polishing and cutting. As time went by, numerous complicated techniques such as rinsing the ore while polishing, beating it, processing it with graver, eliminating oddments with specialized tools, tidying out and leveling the bottom side of the jade, and cutting it with narrow-bladed saw were developed. Due to the constant improvements on tools and the innovation of techniques, the jade polishing/carving style of each dynasty has its own uniqueness and originality. Unearthed jade artifacts have thus been established as an important basis of determining the date of historical remains.

The development of jade craftsmanship, patterns, and motives

Unearthed relics have underpinned that the flat patterns on jade artifacts dating back to the prehistoric ages were carved by hands, which is different from the celebrated exquisite carving and polishing techniques in later ages. Under a magnifying glass, the facets of jade artifacts from prehistoric eras are rather coarse, indicating that the ancients had not employed the tool that rotates the "jade sand" to polish jade artifacts. Jade craftsmanship made rapid progress during the Shang and Zhou Dynasty. Traits of metal carving tools usage were widely observed in the artifacts from these two eras. As the quality of carving tools constantly improved, craftsmen also developed a standard operating procedure for the processing of jade artifacts. In other words, the specification and refinement of carving tools and jade processing reflect the maturity of jade craftsmanship. From ancient ages to modern times, the evolution of jade craftsmanship has never come to a halt. To elaborate its development, we will provide an introduction to the featuring carving techniques, patterns, motifs, and functions of jade artifacts in each dynasty in the following paragraphs.

From stoneware to ironware: the evolution of jade craftsmanship from prehistoric ages to Hang Dynasty

During the prehistoric ages, flat patterns carved on jade artifacts were mainly done by hand. Although the carving lines are often uneven, obscure, intermittent and fluctuating, the primitive simplicity and vigorousness of patterns perfectly demonstrate the natural beauty of jade stones. Apertures and circular patterns on jade stones, on the other hand, were created with the aid of metallic tools. Thick in the middle and narrow in the two ends, these tubular jade artifacts were often cut horizontally from the center to the ends. After being trimmed, these artifacts were then polished by animal skin. These inextricable procedures infused prehistoric jade artifacts with ingenuity and subtlety. Neolithic jade artifacts from the Hongshan culture(紅山文化) and Liangzhu culture(良渚文化) feature in the decorations carved in low relief and the shallow, broad carving lines engraved by a kind of wide, wheel-shaped tool called Kuantuo (寬砣). The Liangzhu jade artifacts are famed for the motif of animal-faced deities. The most celebrated artifact employing this motif can be divided into two sections. The upper section, which was segmentally processed with wheel-shaped tools and drilled by tubes, is engraved with a deity crowned with feathers. The lower section, on the other hand, is covered with dense lines carved by sharp stoneware. The Hongshan jade artworks are also distinguished for animal motifs. Different from that of the Liangzhu artifacts, the patterns were engraved by hollowing up the jade ores, and the jade articles are known for their trapezoidal shape (wide in the upper part and narrow in the lower part) and their thin, blade-like edges.

During the mid Western Zhou Dynasty, jade pendants which are mainly composed of semi-circular ornaments (huan 璜) and embellished with jade beads and jade tubes appeared. The principle motifs on jade ornaments had changed from the prehistoric animal-faced deities to mixed patterns of dragon and phoenix combined with kui(夔), a one-legged mythic demon. In the Spring and Autumn and Warring States periods, during which metallic tools were gradually popularized, the processing of jade artifacts was usually done by metallic jigsaws, which gave rise to a special carving technique—the openwork.

Jade artworks in the Eastern Zhou Dynasty are often through-carved and irregularly shaped. The forms, despite their irregularity, are rather smooth, which demonstrate the highly developed cutting technique that enabled craftsmen to split massive jade ores and to perform the artistic carving skills such as high relief, openwork, and line incising. In other words, the Eastern Zhou Dynasty can be regarded as the age of the "Great Leap Forward" of jade craftsmanship. Typical motifs and patterns in this era include S-shaped dragons and the mouth, feet, claws, and curly tails of dragon.

Inheriting and refining the intangible legacy of their predecessors, jade craftsmen in the Han Dynasty were even more skilled and succinct. While tubulous openwork blended with stereoscopic carvings and camber concave surfaces endowed jade artifacts with an illusionary air that interlaces the reality and the imaginary world, the circular apertures on the artifacts exhibit the vigorous carving style and the harmonious integration of skills and aesthetic conception. In addition, since jade pendants that combine different forms of jade works were banned by formal decree in the early Han Dynasty (this form of jade pendants was completely prohibited in the Central Plain, but it was still worn in border areas of the Han Empire), new forms of jade ornaments such as dancer –shaped ornaments, jade loops, jade xi (觿, a crescent-shaped ornament which were originally used for untying ropes), and jade dragons had replaced the jade pendants.

The rise and downfall of jade crafts—the development of jade craftsmanship from Sui and Tang dynasties to Early Modern Period

In Sui and Tang dynasties(隋唐時期), aristocratic women tended to pay close attention on their adornments. Therefore, a large variety of accessories such as jade inlaid gold ornaments, jade inlaid silver ornaments, and jade hairpins had appeared. Plant motifs which originated from Han Dynasty became in vogue during Tang Dynasty. A large number of jade artifacts employing combinations of flower or fruit motifs such as peony, lotus, pomegranate, and sunflower can be found within the category of Tang jade artworks.

In Sung, Liao, Jin, and Yuan dynasties, the functions of jade works had gradually gotten beyond the boundary of the system of etiquette and rites. The secularization of jade artifacts shortened the gap between jade and daily life of the common people. Furthermore, the evolution of jade carving techniques together with the development of paintings and sculpturing had also reached its peak. The most popular forms of jade works in these eras are animal-shaped jade artifacts and ornamental jade artworks. Jade artifacts in Sung, Liao, Jin, and Yuan dynasties also feature in their great diversity of motifs and patterns. For example, there are jade artifacts reflecting the hunting scene of nomadic tribes from the northern part of China in the Liao and Jin eras, such as the "Spring Water" (春水玉), a jade work employing the hunting of a falcon for a swan as its main motif and embellished with flower patterns, and the "Autumn Mountain" (秋山玉), a jade artifact with motifs of bear, deer, wooded mountain, and crouching tiger. During the Yuan Dynasty, a kind of girdle-binding accessory called daikou (帶扣, commonly known as 條環 taohuan) was invented by craftsmen who were courageous and innovative enough to break the convention of jade processing and dared not to stick to the traditional "one-hook-one-loop" form of girdle-binding accessories. After the Yuan Dynasty, daikuo even became the most prevalent form of such kind of accessories.

In Ming and Qing dynasties, demand for jade articles from the Imperial House, the Court, and the civilian sector had significantly increased. The features of jade artifacts from Ming and Qing dynasties will be discussed respectively in the following paragraphs.

Benefited from the rapid progress of commerce and trade in Northern and Southern Song Dynasties (especially the Southern Song Dynasty), common people in Ming Dynasty were rather wealthy. The development of jade crafts in Ming Dynasty was also closely linked with social changes. Generally, jade articles in Ming Dynasty had gradually parted from the aesthetic tradition of "having both beauty in form and beauty in spirit," the prevalent aesthetic conception during the Five Dynasties and the Song Dynasty. Instead of this metaphysical conception, people in Ming Dynasty adopted a pure decorative style and tended to pursue artifacts that were exquisitely carved and polished. Further, due to the prevailing custom of valuing ancient jade and the increase in demand for jade artworks, a considerable amount of jade articles produced during the mid-to-late Ming Dynasty were crudely made, revealing that jade craftsmen were inclined to boost the quantity of output at the expense of quality. The manufacture of jade articles for the use of the Imperial House in Ming Dynasty was entirely under the supervision of the Bureau of Imperial Supplies (御用監, an official institution headed by eunuchs). As for the manufacture of jade articles in the civilian sector, specialty factories and shops of jade could be found in most of the prosperous cities which were highly developed in both economic and cultural aspects (such as Suzhou, the most celebrated jade manufacturing town at that time), for the appreciation of jade artifacts was fairly popularized in Ming Dynasty. Meanwhile, to adapt to the trend of the appreciation of ancient jade works, the commercial circle of antiques produced a great amount of pseudo-classical jade artifacts.

Early Ming Dynasty abounded with excellent jade artifacts. High-quality works can be found in both excavated relics and artifacts which have been handed down for generations. Like in Yuan Dynasty, jade craftsmen in early Ming Dynasty usually chose glossy jade ores to produce artworks. The precise, delicate, powerful, but not overly

detailed carving style in early Ming Dynasty was also inherited from Yuan Dynasty. The processing of jade articles in mid-Ming Dynasty became sketchier and cruder than that of the early Ming Dynasty. Nonetheless, these coarsely processed jade articles in mid-Ming Dynasty were often invested with an artistic air, for "gentlemen culture," a fashion that flourished in late Yuan Dynasty, was still generally upheld at that time. During the first few years of late Ming Dynasty, the socio-political situation was stable. Along with economic prosperity and the accumulation of wealth in the private sector, the quantity of production of jade articles significantly increased.

One of the most eminent jade craftsmen during late Ming Dynasty was Zigang Lu (陸子剛), a craftsman from the Zhuan Zhu Lane (專諸巷) of Suzhou area. The forms of jade articles in this era were much diversified. For instance, there were girdle-binding jade hooks, jade bowls, jade basins, jade pots, three-legged jade wine holders (jue 爵), jade tablets for ritual services (gui 圭), jade pendants, jade girdles, etc. In addition, ancient jade works were regarded as valuable, distinctive antiques and were usually highly-priced. Due to large demand of jade articles, producers of jade tended to put more emphasis on boosting the quantity of production and ignore the artistic qualities of jade works. This undesirable trend is reflected in the crude style of jade articles in this epoch. Meticulously carved and refined articles are rarely seen in late Ming jade works. Instead, most of them are heavy, over-decorated articles inlaid with gold, silver, or other precious stones. Nowadays, jade pots and jade cups are two of the most seen forms of jade works that have been handed down from late Ming Dynasty. As for patterns, decorative motifs with auspicious connotations were rather popular. Both craftsmen and collectors believed that "patterns should convey implications, and those implications should be propitious." For people in Ming Dynasty, the primary function of patterns was to supplicate for blessings. Beauty was merely a secondary, or even trivial, pursuit. This epoch is also noted for the intertwining development of craftsmen-made jade articles (the most eminent works are articles made by Zhigang Lu) and "elevated" jade artifacts which targeted gentlemen/noblemen as main consumers.

Qing Dynasty is, without a doubt, the zenith of the development of jade craftsmanship. In 1760, the twenty-fifth year of Emperor Qianlong's (乾隆) reign, Huidu (回都), a place located in southern Xinjiang, was conquered by the Qing Empire, meaning that the Qing Empire had controlled the mineral vein of jade, for this place was known as the place of origin of the famous Hetian jade (和闐玉, nephrite). Thanks to the conquest of Xinjiang, the development of jade craftsmanship had reached an unprecedented level. Jade in Qing Dynasty was almost omnipresent. The trend of using, appreciating, and caressing jade artifacts was so widespread that we could see people from every social stratum, including the royalty and common people, practicing this fashion. In the Imperial Court, antique jade artifacts were especially popular. In fact, the court was filled with antiques, and various kinds of utensils such as furnishings, clothing, daily appliances, and offerings were mostly made of jade, jewels, gold, and silver. Jade articles in the Qing Court can be sorted into five categories by their purposes. These categories are: furnishings, accessories, jade articles for cultural use, household utensils, and jade articles with precious stones or metal inlays.

Common jade furnishings include din (鼎, tripod), zun (尊, a ritual wine vessel with a round or square vase-like form), jue (爵, a three-legged wine vessel), hu (斛, a measuring vessel), gu (觚, a tall and slender ritual wine vessel), ruyi (如意, a ceremonial scepter symbolizing power and good fortune), mountain-shaped furnishings, table screens, hanging panels, flower holders, bells, perfumers, animal-shaped furnishings, human-shaped furnishings, and auspicious animal-shaped furnishings. Abounding in the Qing Court, they are usually large in form and delicate in carvings. Since ornamental jade articles were in vogue in Qing Dynasty, numerous jade ornaments of various purposes had appeared. For instance, there were personal ornaments such as court beads, girdle-binding ornaments, jadeite thumb rings, bracelets, ring-shaped ornaments, pendants, plaques, and adornments on other utensils such as jade abaculi on lacquerwares or wooden articles. As for jade articles for cultural use, there are stationery supplies with a classically elegant style, which are the most representative type of jade articles in this category. Some miniature jade carvings can also be categorized as jade for cultural use. Jade articles of this kind are known for their varied forms and shapes. Jade household utensils such as yu (盂, a small basin), zhan (盞, a small cup), zhihu (執壺, a flagon), dishes, plates, saucers, bowls, cups, basins, boxes, chopsticks, spoons, and forks were widely used in the Qing Court. From various artides found in the Imperial Palace, we can see that not only ritual vessels like yuce (玉冊, jade slips engraved with the emperor's prayers to the Supreme Deity) and other ritual wine or food vessels, but also daily tableware and appliances were made of jade. Jade articles with precious stones or metal inlays had become a prevalent trend in Qing Dynasty and the amount of gold or silver inlaid jade artifacts had gradually increased. Sophisticated and resplendent, this kind of jade articles were commonly viewed as symbols of nobleness or aristocracy.

Jade craftsmanship in Qing Dynasty built its basis upon earlier achievements. It not only absorbed the essence of earlier carving skills and brought traditional techniques like convex and concave line carving, embossment, and openwork into full play, but also developed innovative techniques such as the combination of "eggshell" jade artifacts (extremely thin jade articles) and the craft of filigree. Jade articles in Qing Dynasty, especially jade artifacts in the Imperial Court, feature in their highly standardized forms and patterns. The lines on cubic articles are usually as straight as a ruler, and the circular shape of spherical articles are often as round as the full moon. Meticulously and delicately polished, the surfaces of jade articles usually shine with an oily or waxed luster. Speaking of the design, jade craftsmen in Qing Dynasty excelled in creating impressive scenes on jade articles. The motifs engraved on jade include not only natural scenery, renowned characters, flowers, birds, bugs, and fishes, but also mythological stories and auspicious font designs like sijipinan (四季平安, be safe and well in all four seasons of the year), shinfufukui(幸福富貴, be happy and wealthy), and wanxiangshengping (萬象昇平, the world is at peace). In addition, the patterns carved on jade articles usually carry promising connotations. The carving techniques employed to produce jade artifacts are extremely exquisite and precise. From large-sized articles such as the mountain-shaped furnishing with the motif of Dayu canalizing the Yellow River (大禹治水) to miniature articles like jade perfumers, Qing Dynasty jade artworks are rich in artistic conception and pregnant with meaning. In fact, the level of carving skills presented in numerous Qing Dynasty jade artifacts had reached a height that even contemporary jade artworks could hardly attain.

Another notable trend of jade craftsmanship during Qing Dynasty is the prevalence of pseudo-classical jade artifacts in Qianlong and Jiaqing's (嘉慶) court, which is closely related to Qianlong's preference for the classical style. Similar to that of the Song and Ming dynasties, the Qing Dynasty pseudo-classical jade artifacts were carefully and neatly done. Therefore, they are considered high in aesthetic value. In the twenty-fourth year of Emperor Qianlong's reign, the Hindustani jade (also known as Indian jade or Mughal jade) was brought into China. With masterly carvings, translucent surfaces and extreme thinness, Hindustani jade artifacts were named as "eggshell jade works." Emperor Qianlong was so impressed by Hindustani jade artifacts that he versified his admiration and praises towards them several times. Moreover, he even encouraged jade craftsmen in the Qing Empire to learn the crafts of making Hindustani jade articles. With the Emperor's promotion, jade craftsmen in Qing Dynasty successfully created an innovative carving style that combined traditional Chinese jade crafts and the exotic Shifan (西番, the place where the Qiang people live) style. This also gave an impetus to further development of Chinese jade craftsmanship.

During the 1950s, tradition jade craftsmanship, which had been passed on for thousands of years, gradually faded away from the theatrical stage of Chinese history. Nowadays, the fabrication of jade articles relies greatly upon technological equipment. Hand-made jade artifacts are rarely seen in Contemporary jade works.

琢玉工藝-從琢玉藝術欣賞玉器之精華

在綿延七千餘年的華夏文化藝術史中，玉器工藝不僅未因年代久遠而褪盡風華，反而在歷史長河的淘洗下去蕪存菁，漾出歷久彌新的清潤光輝。玉器工藝歷史悠久，根據出土文物，可推斷玉礦在距今五千多年的史前時代已被廣泛運用。玉雕器形之美，取決於傳承數千年的琢玉工藝，好的玉文物琢製有規矩、有力度、有廣度，細節一絲不苟，輪廓清晰而不流於匠氣，表面拋光明亮而圓潤，形制協調，主題明確，充分展現玉匠細膩的雕琢技藝與獨到的美學見解。

玉器工藝欣賞四論：

一、欣賞玉雕技藝

玉料經過精雕細琢，褪去雜質，隱隱透著清靈的氣韻。玉匠亦常藉玉料之特性琢成巧雕，其工雖繁，成品卻簡約洗鍊而傳神靈動。玉器雕琢工藝甚為繁雜，鏤雕、活環活鏈、金銀鑲錯，刻銘詩文，超薄工藝玉雕等特殊技法，都是十分高難度的工藝。

二、欣賞玉材之自然與文化特性

上好玉材紋理自然、質地堅硬細緻，有溫潤柔光之美，玉料晶瑩靈透的特質，更讓玉成了亮節風範的象徵。

三、欣賞玉器的造型藝術

玉器之美體現於造型，便是結構的對稱與比例的平衡。細細品玉，自可體會其富於節奏感、層次明晰而協調的造型藝術特徵。玉的造型多本於具體圖騰，畫面主次分明，當疏則疏，當密則密，根據器形之需採用鏤雕、透雕、圓雕、立體等技法，有靜有動，形象栩栩如生，雅趣橫生，觀之可喜。

四、欣賞玉石巧色藝術

玉石的天然顏色，是創作巧色藝術的最佳條件，琢藝精湛的工匠，能將玉石色彩運用得恰當絕妙，達到渾然天成的境界，如我國故宮珍藏之翠玉白菜，即為

巧色藝術的精妙之作。

Admiring Jade Craftsmanship: the Essence of Jade Art

Over the seven thousand years of Chinese art history, jade craftsmanship has not been washed out of its magnificence. Instead, it has been refined by the great stream of history and is constantly radiating elegance and briskness. According to unearthed relics, we can infer that jade ores were widely used in the prehistoric ages, which was at least five thousand years ago from today. Indeed, jade craftsmanship has a long history. The beauty of forms of jade artifacts lies in this long-established cultural practice, the jade craftsmanship. Quality jade relics are well-regulated in forms, powerful in carvings, and diverse in designs. Every detail on those jade relics is scrupulously treated so as to create contours that are pellucid but not cliché or trite. The burnishing and polishing of quality jade relics are glossy and mellow. With harmonized forms and lucid motifs, these precious artifacts fully represent the delicate carving skills and the great originality of jade craftsmen.

Four Ways to Admire the Beauty of Jade Artifacts

1. Admiring the carving skills of jade artifacts

Meticulous polishing and refining invested jade ores with a pellucid artistic conception. Jade craftsmen often take natural characteristics of jade ores into consideration while carving. Albeit a tedious work, this is an essential process to create succinct and vivid artifacts. The carving techniques of jade artifacts are extremely complicated. For example, specialized techniques used for creating openwork carvings, the C-shaped chains or loops, gold and silver inlaid jade articles, inscriptions, and hyper-thin jade articles all require high-level carving skills.

2. Admiring the natural and cultural characteristics of jade ores

High quality jade ores feature in natural vein lines, firm and delicate textures, and a subdued brilliance. Due to their purity and lucidity, jade ores are considered the symbol of nobleness and virtuousness.

3. Admiring the originality of motifs

The most critical points that jade craftsmen should consider when designing motifs are the balance and the symmetry of the structure. If we appreciate jade artifacts in a detailed manner, we can spontaneously feel the rhythm, the integration, and the clearly layered design embodied in them. The motifs of jade artifacts usually originate from specific totems. With moderately and deliberately devised compositions, the designs of jade artifacts are so clear and well-arranged that people can easily recognize the main motifs of the articles. When designing jade artifacts, craftsmen often give serious consideration to the form or shape of the intended made-up articles. Using complicated techniques such as openwork, sculpturing, stereoscopic carvings, and hollowing, jade craftsmen can create vivid images. No matter these images are static or kinetic, they are full of wit and pleasant to look at.

4. Admiring the craftsmen's ingenious usage of natural colors of jade ores

The natural colors of jade ores are crucial in designing jade artifacts. By deliberate usage of colors, master craftsmen can create artful jade works that are so sleight and natural as if they are wrought by Nature herself. For instance, the Jadeite Cabbage, the most famous collection of the National Palace Museum in Taiwan, is regarded as a masterpiece of this kind.

漫談收藏

收藏是個永恆的話題，華夏文明數千年的發展中，文物藝術品的收藏佔有重要的地位。史上有四次收藏高峰，分別為北宋早期、清乾隆時期、民國早期，以及2000年以後，其中千禧年後是最大的收藏盛世。俗話說：「亂世收黃金，盛世搞收藏」，人們為什麼熱衷於收藏，歸納起來有如下幾點：

（1）珍惜歷史

歷史紀錄了古人與天地搏鬥、胼手胝足創造文明的足跡，而經歷了歲月的淘選，流傳下來的藝術品，更是古人奇思妙想與高超工藝的見證。文物是一個國家，一個民族傳承的記憶，它用物質的形式儲存著不同時代的人文資訊，收藏了一件文物，就像珍藏一種記憶，擁有一段歷史，透過收藏，我們似乎可以穿越時間的阻隔，與古人對話，感受作品的神髓。

今日我們有幸能一睹文物風采，遙想古人風流，甚至受古代美學之啟發，創作出眾多別出心裁的現代藝品，端賴老一輩收藏家的高瞻遠矚，如張伯駒先生為了不讓西晉陸機國寶級的作品「平復帖」外流，決定以重金收購，並於1956年將其捐獻給國家；大收藏家張叔誠先生1981年向國家捐獻書畫、玉器、青銅器等四百餘件藝術品，成為博物館的鎮館之寶，其中北宋范寬的《雪景寒林圖》更被稱為宋畫中的無上神品；大收藏家徐世章先生為收藏傾注一生，為此他致力於豐富歷史知識與自身文化修養，對每件文物皆潛心研究，詳加考證，記錄其出土地點和流傳經過，至今在學術研究上仍具極高的參考價值。徐先生曾言：「這些古物，絕不能從我手中流散到國外。」他嘔心瀝血，將文物由分散變集中，並先後將2749件藏品捐給國家。由是觀之，收藏的初衷，本於對歷史的珍愛之心，藉由收藏，塵封的文物方能再次煥發光芒，對歷史的珍惜與尊重，不僅能讓文化藝術之燦爛流芳百世，更能成為藝術創新的靈感之源。

（2）積澱文化

收藏是一門藝術，依靠的是豐富的知識與經歷的積累，收藏的樂趣在於過程，透過收藏，我們不僅得以體驗文化、提升品味、拓展視野與感悟歷史，更能將文化修養的種子傳承下去，豐富民族的文化積澱。人類收藏藝術品已有近千年

的歷史，對於人為什麼會收藏文物，收藏家劉益謙先生認為原因有二：一是藝術品本身承載了人類發展過程中的文化、政治等生活軌跡，收藏即代表一種文化傳承。二是藝術品本身具有藝術性和欣賞性，收藏的過程中，既可以豐富自己的文化知識，又能藉由開拓精神性的審美意識，為人類文明帶來進步，故人們前仆後繼的收藏。

許多文物專家之所以著迷於收藏，便是因為對文化積累有著深厚的使命感。大收藏家仇焱之先生曾看過一個帶「建文」款的官窯筆架，驚呼此物難得，是極其少見的宮廷器物，對研究中國瓷器文化發展有重要作用，為此，他竟願意交出畢生收藏的80餘件明、清藝術品，只為換得此物，可見仇先生對文化的癡迷與執著；著名文物專家、學者、文物鑒賞家、收藏家王世襄先生，則通過這些藝術品瞭解傳統製作工藝，辯正文物之名，20年代初，王先生受德國人艾克寫的《中國花梨傢俱圖考》之啟發，決定潛心研究傢俱。此後40餘年間，他致力於傢俱收藏，終於在80年代出版了《明式傢俱珍賞》，此書在海內外產生了巨大的影響，為後人研究明式傢俱與明代文化墊定了基礎。在他將所有收藏的傢俱徹底研究後，便把收藏的80餘件傢俱全部捐獻給上海博物館，可見其情操之高貴。

（3）興趣愛好

收藏必須建立在興趣上，唯有愛好文物藝術，才能進入這個領域。收藏的學問博大精深，光是項目，便包含書畫、瓷器、玉器、傢俱、文房、青銅器等，絕不可能面面俱到，因此只能就喜歡的項目深入探討。要成為合格的收藏家，扎實的文化底蘊與豐富的鑒賞水準必不可少，因此必須不斷學習相關藝術、文化知識，若沒有足夠的熱情，這種興趣愛好必定無法持久。

深圳古玩城總經理卓少東先生酷愛玉器。為了這種愛好，他埋頭苦學，累積玩玉經驗，並時時發問，與所學印證，可說實踐了古人「知行合一」之教誨。2003年，卓先生創辦玉器博物館，這一創舉受到社會普遍讚揚。北京故宮博物院玉器專家張廣文先生說，在私人玉器博物館中，無論品味及藏品的豐富性，還沒有像卓先生創辦的玉器博物館有如此高水準。2007年他與北京故宮博物院

合作出版了《紫光玉照》一書，深受好評，至此，卓先生憑著自己對收藏的興趣
與熱情，成為了真正的收藏家。

（4）藝術投資

收藏與投資的關係密不可分，一方面收藏走向投資市場是賺取利潤的正常過程，
另一方面通過投資所得，可以進一步豐富收藏，形成良性迴圈。事實上，收藏品
投資早已是歐美等發達國家「閒錢階層」資產配置的重要部分。

投資收藏的人們最關心兩個因素：風險和收益。根據長達半世紀的觀察統計資料
，收藏品長期投資回報要好於股票市場，其風險則遠小於股票市場。好的收藏品
一定是持有的時間越久，價值越高，長線投資風險很小。今天我國多數文物收藏
品價格與國際發達國家相比仍然很低，與發展中國家相比也僅是中檔水準，亞洲
許多國家還是發展中國家，有閒錢者數量還不太多，分佈也不均勻。若經濟持續
發展，更多的中產階層加入收藏大軍，那時就是收藏者投資的黃金時期。但目前
的收藏高潮來勢兇猛，收藏的群體參差不齊，許多人被收藏的高利潤特性所迷惑
，在沒有任何文物概念和鑒定知識的情況下，盲目加入「收藏」的行列，想當然
爾，這種急功近利的作法，完全違背收藏的規律，自然出現許多慘痛教訓。收藏
必須依靠眼力、財力與理智，更要虛心學習歷史知識，多到國家級博物館看東西
，向內行人請教，循序漸進，方有機會一窺收藏之堂奧，正因為收藏仍有風險，
故須謹慎以對，一步一腳印，才能收藏、投資雙收。

Casual Comments on Collection

Collection is an eternal topic constantly discussed in all ages. Over thousands of years, the collection of cultural relics has been an influential part of the development of Chinese civilization. In history, there are four peak periods of collection: early Northern Song Dynasty, the High Qing era (especially during the reign of Emperor Qianlong), the first few years of the Republic era, and the post-millennial years. Within these periods, the most veritable heyday of collection is no doubt the years after 2000. As a saying goes, "gold are in great demand during turbulent times, while the collection of cultural relics flourishes in times of peace and prosperity," the reasons why people are so fond of collection can be generalized into the following four points:

1. Collectors cherish the history of their nations

As history records how our forefathers strived against Nature and struggled to build up the foundation of our civilization, artistic productions which have gone through thousands of years can be viewed as the embodiment of our ancestors' brilliant creativity and masterly techniques. As the inherited memory of a nation, cultural relics are the incarnation of the information about humanities and civilization of different epochs. Collecting a cultural relic is like treasuring a part of this inherited memory or taking a section of our history into possession. Through collecting antiques and art pieces, we can, in a figurative sense, travel beyond the boundary of time, converse with the ancestors, and experience the essence of those artworks.

Thanks to the great foresight of precedent collectors, we are able to feel the brilliance and magnificence of cultural relics and amaze ourselves with the quaint tastefulness of the ancients. Moreover, contemporary artists can even be evoked by the ancient aesthetic viewpoints shown in the collections and create ingenious art pieces. The followings are some examples of achievements of our precedent collectors. In order to keep Lu Ji's (陸機, a writer and literary critic who lived during the late Three Kingdoms period and early Jin Dynasty) national treasure-level cursive script letter "Pinfutie (平復帖)" from being pillaged by foreigners, Mr. Boju Zhang (張伯駒) purchased it with a vast sum of money and donated it to the Chinese government in 1956. Later on in 1981, the reverend collector Shucheng Zhang (張叔誠) also donated over four hundred pieces of various kinds of artifacts including jade articles, paintings, calligraphy works, and bronze wares. Many of these artifacts have become the most treasured pieces of the collection of museums. In these pieces, one of Fan Kuan's (范寬, a Chinese landscape painter of the Northern Song Dynasty) painting called "The Frosted Forest in the Snow" (雪景寒林圖) is even viewed as the masterpiece of the Song paintings. Mr. Shizhang Hsu (徐世璋), another great collector, had devoted his entire life to collection. To become a qualified collector, he addressed himself to gaining cultural and historical knowledge. Furthermore, he diligently studied and did thorough research on every piece of relics and artifacts, recording its excavation site and its history of circulation. Up to the present, his research has been highly influential in the academic community. Mr. Hsu once said that "these antiques can by no means be looted from my hands and be scattered around the world." To prevent antiques from being lost or stolen, he strained his heart and mind to gather the dispersed cultural relics and successively donated 2749 pieces of antiques to the government. From the great collectors' honorable deeds, we can see that their intention of collecting cultural relics originates from their love for history. Through collection, they successfully irradiated the dust-laden cultural relics. The love and respect for history can not only immortalize the glamor of cultural artworks, but also become the source of inspiration for artists to come up with innovative aesthetic conceptions.

2. People wish to achieve cultural accumulation through their collection

The hobby of collecting is an art which requires a wide range of knowledge and persistence in amassing experience. The most delightful part of collecting lies in the process of accumulating both quality artifacts and experience. Through collecting, we can relish the ambrosia of our culture, elevate our taste, broaden our horizons, and feel the majesty and sorrow of our history. In this process, we can also pass on our aesthetic and cultural experience to future generations. To put it in another way, we can enrich our nation's cultural deposit through the process of collection. Human beings have been collecting artifacts for about a thousand years. According to Mr. Yiqian Lui (劉益謙), a celebrated collector, there are two reasons which can explain why people have developed the hobby of collecting. Firstly, artifacts or art pieces themselves delineate the trajectory of the development of human civilizations. Since they reflect the social, cultural and political aspects of the life of our ancestors, collecting these artifacts can be seen as a way to pass on our cultural traditions. Secondly, artifacts are high in aesthetic value, and admiring them is a sheer delight. While collecting relics and art pieces, we can expand our cultural knowledge and cultivate our aesthetic consciousness. Noticing that the process of collecting can lead to human beings' spiritual elevation, more and more people have plunged into the world of collection, hoping that the spiritual enlightenment initiated by the act of collecting cultural relics can become an impetus of the development of human civilizations.

The main reason why a large number of antique specialists indulge themselves in collection is that they are extremely conscious of their mission to protect and pass on the nation's cultural deposit. Mr. Yanzi Qiu (仇焱之), yet another great collector, had once seen a pen rack inscribed with the word "Jianwen" (建文, the reign name of the second Emperor of Ming Dynasty) which was made in a porcelain kiln administrated by the Imperial Court of Ming. Fascinated by its rarity as an imperial utensil and its potential significance in the research regarding the development of Chinese porcelain craftsmanship, he proposed to exchange his lifetime collection (about 80 pieces of Ming and Qing artifacts) for this pen rack. From this anecdote, we can see how collectors like Mr. Qiu are rapt in their cultural mission. Mr. Shixiang Wang (王世襄), a famous antique specialist, scholar, and collector, devoted himself in collection through profound understanding in the traditional ways of processing artifacts. In the early 1920s, Mr. Wang, initiated by *The Chinese Domestic Furniture* , a book written by a German named Gustav Ecke, decided to plunge into the study of Chinese furniture. Over the following 40 years, he took up with the task of collecting antique furniture, and was finally able to publish his first book, *The Essence of Ming Furniture*(《明式傢俱珍賞》), in the 1980s. Being a book of worldwide influence, *The Essence of Ming Furniture* has laid a foundation stone for further research on Ming furniture as well as the cultural background of Ming Dynasty. After doing a thorough study of his furniture collection, Mr. Wang donated his entire furniture collection, which consists of more than 80 pieces, to the Shanghai Museum. This is, without a doubt, an act of nobleness, generarosity, and altruism.

3. People regard collecting cultural relics and art pieces as a hobby

The act of collecting must be based on interest, and only those who are fond of cultural issues and art can find the entrance to the world of collection. The knowledge of collection is wide-ranging and profound. There are innumerous categories of collection such as paintings, calligraphic works, porcelains, jade artifacts, furniture, stationery, bronzeware, and so on. Hence, it is impossible to possess profound knowledge of every type of collection. We can merely delve into those that interest us the most. The two minimum qualifications for a competent collector are being erudite in cultural aspect and having adequate capacity to examine and appreciate art pieces. Since these require persistence in accumulating knowledge of art and culture, a person who does not have enough enthusiasm can never persevere with the hobby of collecting.

Mr. Shaodong Zhuo (卓少東), the general manager of Shenzhen Antique City (深圳古玩城), has always been an ardent lover of jade artifacts. To have a thorough understanding of jade, he has dug into the study and admiration of jade artifacts. Moreover, he frequently asks questions and constantly verifies and examines the validity of his knowledge. His diligence perfectly represents the "integration of knowledge and action" (知行合一), an ideal state of learning proposed by Yangming Wang (王陽明), the leading figure in the Neo-Confucian School of Mind (心學). In 2003, Mr. Zhuo founded the Museum of Jade Art, and this unprecedented undertaking has been widely praised. In fact, Mr. Guangwen Zhang (張廣文), a jade specialist from the Palace Museum, pointed out that among all existing privately owned museums, the Museum of Jade Art has the most abundant collection of jade artifacts, and that the articles in the collection demonstrate the highest level of tastefulness. Cooperating with the Palace Museum, Mr. Zhuo published a book that received widespread high praise, *The Glow of the Imperial Purple: the Essence of the Collection of Jade Artifacts* (《紫光玉照：故宮博物院・卓玉館玉器精萃》), in 2007. With perseverance and great passion, Mr. Zhuo successfully became a real, reputable collector.

4. People regard art collecting as an investment

The relationship between collecting and investment is inseparable. On one hand, earning profits through reselling art collections is a long-established practice in the investment market. On the other hand, by using the earnings from art investment, the abundance and diversity of our collections can be further enriched, forming a virtuous circle of investment. In fact, art investment has become an important segment of asset allocation of wealthy people in many occidental countries.

The two factors that investors are most concerned with are risk and return. According to a fifty-year statistical data, long-term art investment has a higher rate of return and a lower risk level comparing with stock investment. The value of quality collections always increase over time. Therefore, the more valuable an artifact is, the less risky it is in long-term investment market. The pricing of cultural relics in our country today is still rather low comparing to that of the developed countries. Even if we only take the price level of art collections in the developing countries into consideration, the pricing of antiques in our country is merely in the intermediate level. Many Asian countries are still developing countries in which the big bourgeoisie has not yet flourished and evenly distributed in their societies. However, if the economy continues to make progress in these countries, the middle class will rise and become the main force in the domain of art investment. This will be the golden age for collectors to enter the art investment market. Due to the sudden rise of the trend of art collection, collectors nowadays are uneven in their ability of appreciating and distinguishing artifacts. Bewildered and lured by its high return, many people without basic knowledge of cultural relics blindly approached the art investment market. Of course, this perverted way of treating art investment is the absolute opposite of the principle of collection. Since these people only crave for instant benefit, it is not surprising that they would usually bear the bitter consequence of their lack of foresight. To be a qualified collector, one needs to have a great taste, a considerable amount of fortune, and a rational mind. Further, a collector ought to be a modest learner. By visiting national museums and asking for advice from predecessors, one can expand his historical knowledge and gain more experience, which are the main qualifications for a collector. Only by making steady progress incrementally could one get a glimpse of the cream of collection. Since collecting art pieces and cultural relics is not a totally riskless business, one should treat it with extreme awareness in order to achieve both as a collector and as an investor.

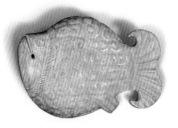

玉組佩

龍鳳紋成組佩 （二組）

圖一、長 47cm　　寬 15.6cm
圖二、長 62cm　　寬 12cm

商周裝飾紋樣以幾何框架為依據，作中軸對稱，將圖案嚴謹的排在幾何框架之內，形成奴隸社會中特有風格，春秋戰國時期服飾紋樣，是從商周奴隸社會傳統裝飾紋樣演化而來。

首飾和佩飾是衣著中最具光彩的組合，帶有禮教及表徵社會等級的涵義，具歷史價值。

從戰國早期到西漢，皆以玉人為組佩主件，結合璜佩、沖牙等，組成一套完整的組佩，漢中晚期以單件舞人玉佩為主。

春秋時期，玉佩呈方形或長方形，器表淺浮雕或鏤雕各種圖案與文字，有孔可穿繩佩繫。春秋佩玉種類較多，反映春秋諸國琢玉水準和佩玉狀況。

古代串頸飾，是由血紅瑪瑙管、珠及青玉管串成的佩飾。

古代用瑪瑙製作珠、管組成串飾，在陝西韓城梁帶村遺址、山西晉侯遺址、河南平頂山應國都有發現。這些佩飾用瑪瑙雕刻小動物，玉璜、玉佩、玉牌等各種配件組成項飾，主要用在腰飾、腕飾、頸飾。在串飾組佩中，紅色瑪瑙珠是必備的配件。

此兩套組佩鏤雕不同樣式的龍鳳紋，設計新穎，器表上佈滿細密飽滿的勾連穀紋及虺龍紋，兩個玉舞人翹袖折腰，身形優美。全器紋飾形制琢工為漢以後風格。

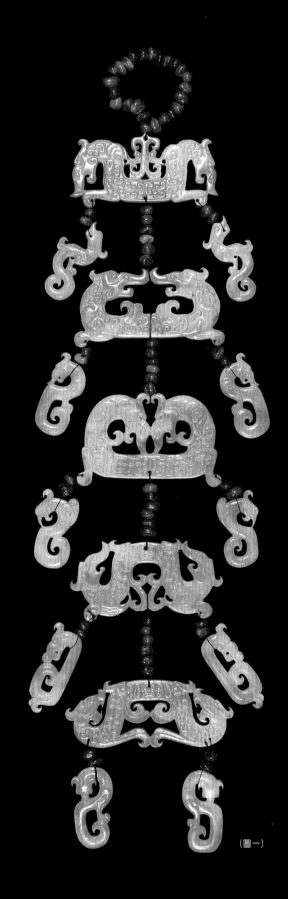

（圖一）

（圖二）

古代禮儀佩飾-龍紋成組佩 （二組）

圖一、璧：徑長 4.1cm
　　　璜：長 9cm
　　　沖牙：長 9.8cm
圖二、璧：徑長 4.4cm
　　　珩：長 8.7cm　　寬 3.1cm
　　　璜：長 9.8cm　　寬 1.9cm

佩玉飾，青白玉質，透雕組佩，
沁色深淺各異全器通透，龍紋多
樣，以砣具、三角棱條狀工具及
桯具拉鋸而成，組佩器表佈滿勾
連雲紋、虺龍紋及雲穀相雜紋，
為戰國至西漢形制及紋飾風格。
中間管飾以陰線刻劃四組橫線條
串連上下佩飾。鏤空目的在凸顯
玉佩飾造型，玉佩各有數個鑽圓
小孔，便於繫穿其他配飾，連綴
成玉串飾。

（圖一）

玉雙鳳 (一對)

長 5.7cm　　寬 4.4cm

青白玉，圓眼，修頸，作飛舞狀。鳥身紋飾以細陰線刻鱗紋，羽翅和尾部用游絲紋陰雕刻劃，細膩流暢。

雙翅平衡，雙足刻劃有力，腹部有圓孔，為鑲嵌用。通體晶瑩溫潤，為漢代圓雕精品。

鳳是禽類美化的象徵。秦漢鳳鳥傳承戰國時期鳳鳥造型，長冠、修頸、圓眼，身形多做飛舞狀，取鳳飛鳴則天下太平之意涵。

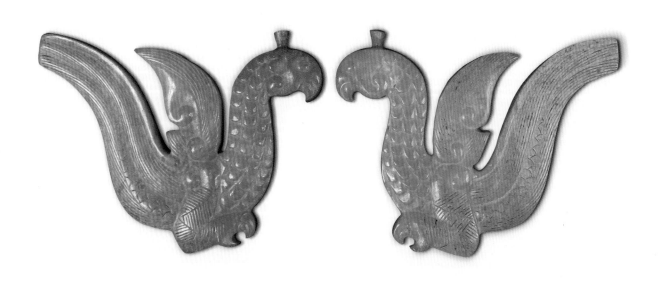

考證一. 西漢 玉鳥
立鳥，頭部微揚，圓眼有神狀，胸前挺，尾羽垂放於後方。表面採凹線與弧面區隔鳥紋五官及肢體，周邊以鉈具邊飾鏤空，凸顯扉棱式的冠羽及勾轉凌厲的鳥喙。

考證二.
江蘇省無錫出土越國貴族玉鳥。歷代玉鳥有直立、蹲伏、圓雕、厚片雕等不同造型。

考證三.
舊金山亞洲藝術博物館珍藏漢代鳩杖，長110.9公分。八十年代甘肅出土漢代松木製鳩杖。

考證一. 西漢 玉鳥圖

鳳鳥-鳥形佩

圖一、長 13.8cm　　　寬 3.6 cm

圖二、均長 9.8cm　　寬寬 3.5 cm

圖三、均長 7.5cm

圖四、均長 7cm

白玉質，深淺褐色沁各異，鳥形以片狀玉料製作為蹲伏狀的造型，表面用浮雕技法突出鳥體，頭部比例較小，勾喙，身軀朝後拉長，單足收於腹下，斜刀勾勒雙翅，陰刻線條成羽翼，尾端向上翹起。

鳳鳥羽翅和尾部用雙陰線刻劃，浮雕雙翼展翅狀，鳳鳥邊緣用游絲毛雕裝飾，有羽毛飄動的感覺。花雷紋應用在羽翅裝飾上成立體浮雕，足節以陰刻旋渦紋表現。立體圓雕，神形兼備，完美呈現鳳的神采，為稀有珍品。

鳥是商族崇拜的圖騰，玉羊、玉燕雛、玉鳥都是商代重要玉器，與王權政治相連。

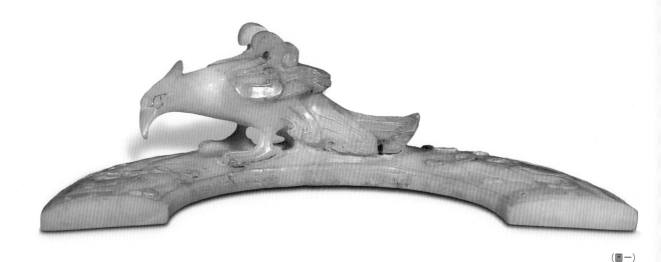

（圖一）

考證.

1976年河南安陽殷墟出土商代玉燕雛。

66

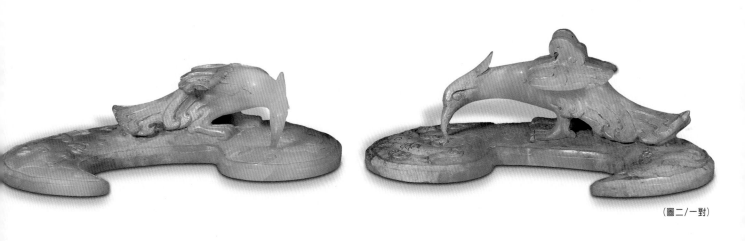

（圖二/一對）

（圖三/一對）

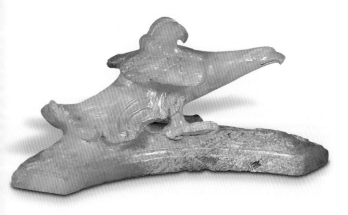

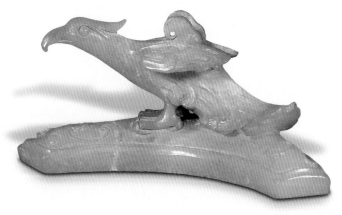

（圖四/一對）

玉翁仲 (四件組)

均高 3.1cm

司南玉佩

高 3.5cm　寬 2.2cm

青白玉,圓柱直立狀,四翁仲沁色各異,面部雕刻三條短凹線以示口與雙眼,中間通心孔,供繫繩。翁仲外形似老翁,著寬衣博袖,雕琢簡單,寥寥數刀,刻劃的惟妙惟肖,為佩玉,厭勝之物,古人避邪玉。翁仲及司南佩漢代形制。

史料記載翁仲為秦將軍,鎮守邊關,後人以將軍身貌刻成飾物佩帶,作驅魔辟邪之利器。1972年安徽省亳州市出土東漢玉剛卯及司南玉佩。加拿大安大略博物館與美國紐約大都會博物館皆珍藏玉翁仲。

古人用以辟邪的三件寶器是剛卯、翁仲、司南佩。剛卯體小,長四方形,刻有避災禍祈福吉語詩句。司南佩形像兩個對寫的凹字,有孔可穿繩佩掛,司是指外主事,南是指東西南北方位的指向,佩司南為討吉祥。定名玉墜飾,又博學之徵,體現儒家玉德學說。

考證.

1966年陝西漢元帝渭陵出土罕見漢代圓雕玉仙人騎飛馬遨遊天際,這是西漢羽化神仙思想影響當時玉雕文化的例證。

(圖一)

跪玉人

圖一、高 4.8cm

圖二、高 4cm

白玉質，褐灰色沁，立體圓柱形。玉人跪坐，雙手撫膝，頭梳長辮盤於頂，成捲筒裝飾，似平頂冠。玉人身上以陰線斜坡紋琢勾連雲紋及變形雲紋，刀工細膩，其中一跪人背後插一卷雲狀寬柄器，氣度雍容，為西周至漢玉人神韻。

(圖二)

考證一.
1976年殷墟婦好遺址出土跪坐玉人，現藏中國社會科學院考古研究所。

考證二. 漢 跪玉人
通體玉質潤透，設計巧妙，將玉人隱藏在幾條陰刻線紋，造型精美，神形兼備，運用圓雕技法，以熟練的外輪廓線勾勒出生動的跪玉人形象。

考證二. 漢 跪玉人圖

玉龍鳳共體紋冠人形飾 _(一對)

長 18.3cm　　寬 9.5cm

白玉質，淺褐色沁，玉質通透。舞人璜形冠華麗精美，冠中間上方對穿一小孔供繫帶之用，左右兩邊鏤雕龍鳳，靈活生動，中間佈滿淺浮雕勾連穀紋。冠下以游絲紋琢細密髮絲，髮絲以人工雕琢呈斷續狀且間隙不一。雙袖雕十餘道陰刻線，袖尾作扭繩紋卷曲狀，搭配佈滿淺浮雕勾連穀紋長裙，整體紋飾設計奇特瑰麗，碾琢線條流暢，堪稱玉器精品。

圖一、長 5.2cm　寬 3.2cm
圖二、長 3.4cm　寬 2.2cm

獸面飾考古學者將商代玉器分為早中晚三期，早期為二里頭文化四期，中期為鄭州二里崗湖北黃陂盤龍城出土玉器為代表，高峰期在商晚期。商代獸面紋，工藝精美，與青銅器的獸面紋相似，表現出形神兼備，具極高的玉器藝術水準。獸面紋飾，西周大斜力工法，臣字眼，眼珠微突有力，將神人獸面的力量隱藏其內，富神秘感。

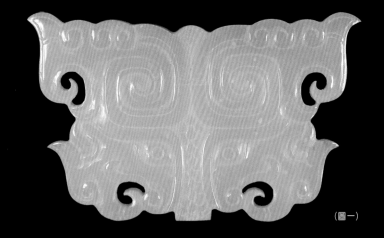
(圖一)

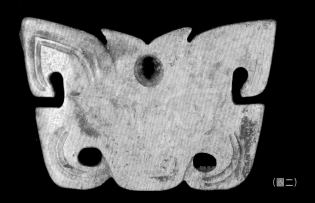
(圖二)

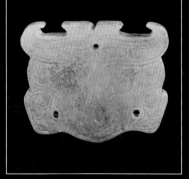
考證三. 西周 神人玉面圖

考證一.
大英博物館珍藏一件重要的新石器時代玉質陪葬品，刻有臉孔紋飾。古代歷史中玉面用作裝飾品，後來的朝代當作古藝術品珍藏，有極深的文化意涵，後世多所仿製。

考證二.
山西博物館珍藏一件2002年襄汾縣陶寺遺址出土的新石器時代玉面。江西省出土公元前1300年玉面。陝西省西安出土公元前10~9世紀東周時期玉面。

考證三. 西周 神人玉面

玉人首

長 10.4cm　　寬 5.8cm

文化期，扁平體，抽象玉面首形象，兩耳側出並上彎，核桃形雙眼，陰刻圓凹弧，半圓口，雙耳陰刻卷紋，凸紋鼻。玉面用精細的陰線紋雕刻，琢出清晰的輪廓，頭髮外翹戴冠並鑽二圓孔，與新石器時期人獸臉和大獠牙相結合的玉面類似。

古玉是華夏文化中對自然崇拜、祖先祭祀與神靈信仰的精神寄託物。玉面雕刻必須用硬的磨砂進行加工，在古代屬難度極高的工藝技術。

玉人首，頭戴冠帽，菱形眼，寬鼻，戴耳環，表情莊重，可能是受先民尊重的神人或巫師的形象，寫實逼真，惟妙惟肖，是史前文化最高水平的藝術表徵。

考證．商 戴冠面紋圖

考證．商 戴冠面紋

獸面紋飾最早見於良渚文化及龍山文化，以雙勾線及陰線技法琢製。商文化的內涵特別豐富，吸收前人玉器菁華，不僅傳承新石器時代早期，並發揚光大，為玉文化歷史上的第二個高峰期。

紋飾源於1975年河南偃師二里頭遺址出土的「戴冠人面紋玉柄形器」。

二千年安陽市花園莊出土，八棱弦紋玉勒、飾冠弦紋玉勒，為商代特有器形與紋飾。

新石器時期神靈信仰至商玉面神形兼備。

體現華夏先祖敬畏自然的虔誠心意。

玉用具

螭虎紋玉劍飾

劍首：徑長 7.8cm

劍格：長 10.5cm　寬 6.8cm

劍璏：長 16.2cm　寬 4.1cm

劍珌：長 9.2cm　寬 7.8cm

青白玉，保存完整，劍首、格、璏、珌四件玉劍飾，由一塊色澤相同的玉料切割製作，以立體鏤雕和浮雕技法在玉器上鏤刻螭虎紋及鳳紋，器形飽滿，紋飾華麗，碾磨細膩。

此套劍飾螭虎臉部似貓，鼻樑有陰刻橫線，眼球圓凸，長尾分岔作翻捲狀並琢扭繩紋等特徵神似漢代神韻，為罕見珍品。

春秋時期，思想及審美觀念轉變，統治階級重視玉器藝術，出土實物玉具劍呈現精絕之作。1988年，山西太原金勝村遺址出土春秋晉國淺浮雕玉劍　，青白玉質，器表佈滿穀紋及龍虺交纏紋，穀紋飽滿。

漢代是玉劍飾發展的極盛時期，製作用料講究，刀工大氣，碾琢細膩，紋飾線條精準規矩，器形圓潤飽滿，製作之精美為歷朝之冠。劍飾器表紋飾亦較前朝大增，主要為螭虎紋、鳳紋、獸面紋、勾連雲紋、穀紋、弦紋等，其中螭虎紋多以高浮雕及鏤雕形式出現，特徵鮮明，主要表現為兩腮較窄，雙耳下耷，鼻部較大，鼻樑上多有陰刻橫線，眼球圓凸；身軀盤旋呈S形，四肢行走狀，尾部分岔一長一短，琢扭繩紋作翻捲狀。

考證.

1968年河北滿城漢墓出土長檔璏，玉呈青白色，質地細膩，打磨光亮，正面高浮雕一螭虎，為重要的考古實證。

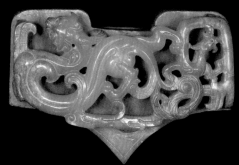

（玉劍首）

（玉劍格）

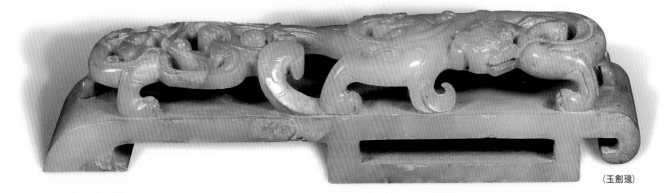

（玉劍璏）

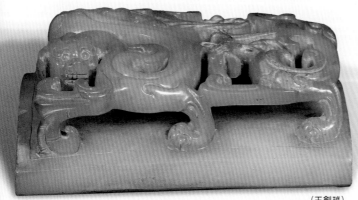

（玉劍珌）

77

鳳紋玉劍飾

劍首：徑長 7.6cm

劍格： 長 10.5cm　　寬 6.6cm

劍璲： 長 15.3cm　　寬 3.8cm

劍珌： 長 8.9cm　　寬 6.8cm

青玉質，體扁平，局部沁色泛黃，器形鳳鳥紋，皆呈回首，長尾夔鳳扇形，菱形眼，尖喙，琢製精巧。器表以陰刻線結合高浮雕工法，鳳身以細陰刻線飾羽毛，運用陰刻線琢製鳳鳥紋。玉鳳形體修長，立體浮雕，振翅欲飛，充滿靈動之感。整體玉質瑩潤，造型優美，具鑑賞收藏價值。

玉劍飾起源於西周的玉劍柄，春秋時期演變為劍首、劍格、劍璲、劍珌等單件玉飾。劍飾發展成熟，成為首、格、璲、珌四件共鑲在一件玉劍具上，成整套組合。西漢以後，劍飾器數量豐富，形制漸固定。

劍首，立體圓餅形，有穿孔和溝槽，正面琢製鳳紋，並以高浮雕取勝。質地細膩，正面圓心以高浮雕技法雕飾鳳紋，狀如孔雀開屏，巧妙別緻。

劍格裝飾趣味濃厚，中間穿孔呈長方形，正面飾鳳扇紋，栩栩如生。1983年廣州南越王遺址，出土一件玉透雕雙鳳紋劍格，形式奇特，器物琢製一對透雕鳳鳥，極罕見。

劍璲造型呈長方形，鳳體微曲作伏行狀，線條陰刻，體態傳神，舒展自然，形象唯妙唯肖。

劍珌，琢製精美，鳳鳥紋刀法堅韌有力，棱角分明，鳳紋線條勻細流暢。

鳳紋玉劍飾雕琢技法以陰刻細線為主，再運用平雕、鏤雕、淺浮雕、立體浮雕多種技術，使鳳紋凸出器表，雕琢出工精形美的作品。

漢代皇室貴族以佩戴「玉具劍」為時尚，並以玉具劍賞賜給有功的武將，視為榮耀的表徵。

(玉劍首)

(玉劍格)

（玉劍璏）　　　　　　　　　　　　　　　　　　　　（玉劍珌）

龍紋玉劍飾

宋~元

劍首：徑長 8.8cm

劍格：長 12.5cm　　寬 5cm

劍璏：長 15cm　　寬 5cm

劍珌：長 8.5cm　　寬 6.2cm

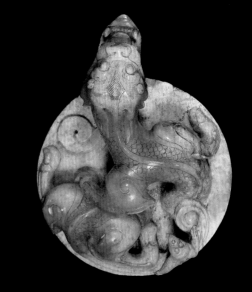

青白玉質，部分黃褐色沁，四件組螭龍紋。因年代久遠，玉質明顯變化，古韻十足。

中國古代以玉為劍飾，始見於春秋時期，稱為玉具劍，至西漢時大為流行，不僅劍飾玉，劍鞘也飾玉，於是出現了劍首、劍格、劍璏、劍珌四件齊備的玉具劍。

劍飾的雕琢技法多樣多種，有陰線淺雕，有剔地隱起，立體高浮雕、圓雕、透雕，紋樣有穀紋、渦紋、勾連雲紋、螭虎紋、鳳鳥紋、熊紋、猴紋，豐富多彩。

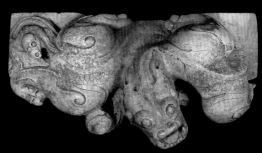

古代在兵器鐵劍上，飾有精美的玉器裝飾，始於西周晚期的劍首，劍首四角對琢，雕製蟬紋，視為劍首期的形制。在西周，鐵劍代表一種權力和地位的象徵，因此西周玉器製造工藝變得更加精湛。

西周時期，注重禮儀規範，已有專門的琢玉場所，也有專門管理用玉的單位，使西周玉器更具規範化、系統化、制度化，等級佩帶有一定規範，非常嚴格，貴族佩帶玉劍飾是身份的表徵。

玉劍首 － 劍首是鑲嵌在劍柄頂端的玉飾，造型呈扁圓體，正面浮雕S形龍，突出器表，背面有一圓形凹槽，與劍柄相連。

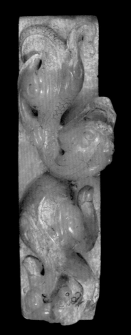

玉劍格 － 劍格位於劍柄和劍身中間，用來隔絕劍身，長方體，出廓雕螭龍紋，保護手部，造型多呈尖底「凹」字形，中間最厚，內含一個鑲嵌孔。

玉劍璏 － 劍璏是鑲嵌在劍鞘中間的玉飾，造型呈長方形，立體浮雕S龍，兩端向內微卷，下方有一個矩形繫帶孔，用來穿繩佩掛。

玉劍珌 － 劍珌是劍鞘最前端的玉飾，造型立體正方形，立體浮雕螭龍紋，中間較厚實，兩邊漸薄，兩側邊緣為向內凹縮的弧邊，上方有孔供固定劍鞘。

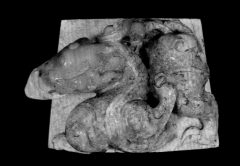

此套劍飾玉質光滑內斂，運用透雕立體鏤空及淺浮雕，整組造型自然，紋飾流暢，雕工精湛，留有宋元時代遺風。

（玉劍首）

（玉劍格）

（玉劍璏）

（玉劍珌）

考證.
1957年西周虢國遺址出土，發掘玉柄
鐵劍，是皇室使用玉具劍的考證實物
。

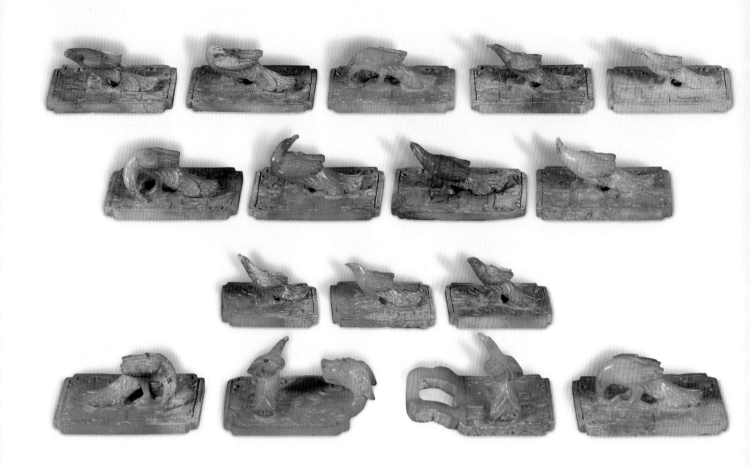

鳳紋玉帶板 （十六件組）

帶扣長 10.5cm 　　寬3.8cm
帶板長 5.9cm 　　寬4.1cm

青白玉質，局部黃褐色沁斑，微透明，質地溫潤，十六件帶板鳳紋立體化琢製，凸出凹弧面的變化，產生浮雕空間感，同時呈現出鳳鳥的前胸、側身、尾部等，營造鳳尾擺動效果，方框內高低浮雕技法使鳳紋凸出器表上，鳳鳥利用平面、凹面和弧面共體，視覺上結合前中後的視點取向，使佩戴時增加平面造型的立體感，腰帶不至於單薄呆板，整體設計極富創意巧思。

明代開國之初，規定為革帶，帶上綴有帶銙。官員品級不同，分別用玉、金、銀、銅、烏角等不同材料裝飾玉板，革帶分玉帶、金帶、銀帶，以玉帶最為尊貴。明代的革帶不像宋代那樣起束腰作用，變成純粹裝飾的用具，只有軍裝或穿甲胄者，革帶才真正繫在腰上。

清代官方玉帶使用制度被廢除，玉帶盛行於民間，不再是完整的形式，製作多元，純粹賞玩器。

玉帶在五代和宋時期，單鞓和雙鞓的玉帶同時並用，玉鞓帶是腰帶的帶身。從鞓、帶扣和鉈尾的數量來分類，玉帶可分作，單鞓、單扣、無鉈尾；單鞓、單扣、單鉈尾；雙鞓、雙扣、單鉈尾；雙鞓、雙扣、雙鉈尾；三鞓、三扣、雙鉈尾（原來的前鞓被一分為二，三台處多一插接式暗帶扣）等幾種形式。使用雙鞓的情況下，前鞓兩端均鑽有穿插扣針用的小孔，鞓的末端綴有鉈尾，穿過帶扣後，鉈尾後腰際垂向地面，取「順下」之意。鞓綴的方形玉板稱「排方」。遼金至明，帶板有二十塊左右，圖騰大多春水秋山、獵天鵝、海東青之類，雕工考究。明早期，帶銙有十六到二十五塊之間不等，玉帶質地、形狀、數量、紋飾，仍有嚴格明文規定。

明代宮廷帶板早期晚期略有不同，由革、銙、鉈尾和帶扣組成。帶銙質料多為白玉，形制多呈長方形、方形、桃形。紋飾以龍紋為主，鑲金邊最珍貴。

伎樂胡人玉帶板 （十一件組）

宋~元

均長 5.7cm~7.2cm　　均寬 4.6cm~5.7cm

玉帶飾是裝飾於腰帶上的玉飾件，既實用又是裝飾品。迄今最早的玉帶是咸陽北周若干雲墓出土的白玉九銙八環蹀躞帶。隋唐五代，玉帶有蹀躞帶、玉革帶、玉梁寶鈿帶。新唐書‧車服志「三品以上，玉中梁寶鈿，五品以上，金梁寶鈿」。

古代的天子佩戴二十四銙，二品官諸侯王、將相許用十三銙加兩尾。考證出土唐玉帶有十六銙、十五銙、十四銙、十三銙、十二銙不等，玉帶銙都是用下弧地，圖像隱起，稱為池面帶銙，玉雕上雕刻手法源自于闐玉銙，延續至宋元明。

白玉質，部分褐色沁，紋飾以唐代琵琶胡人彈奏樂舞為主題，突顯唐代玉器與西域外來民族樂舞融合的藝術風格。共十二塊玉帶板，每一塊帶板琢製胡人彈奏不同的樂器，包括琵琶、羯鼓、拍板、鈸、排簫、橫笛、箜篌等，以優美的旋律與華麗的舞蹈展現唐人之生活逸趣。此胡人伎樂玉帶板留有宋元遺風，極其珍貴。

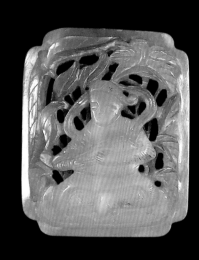

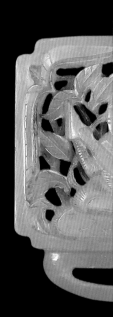

伎樂胡人玉帶，仿于闐胡人池面玉帶板，帶板碾內斜框，平地隱起作工，運用細陰線刻劃和淺浮雕技藝，琢工剛健有力，形象生動傳神。宋代青玉池面人物帶板，僅存方銙，雕製形神兼備的人物形象，也是仿于闐池面工法。

考證.

1970年，陝西何家村遺址，出土胡人樂帶板、花玉帶飾、純金玉臂環，環連接部分是純金打造，證實唐代生活富足。

唐代琵琶胡人帶銙是最高級的帶銙，二百八十九年的唐朝盛世景象在實物中得到見證。唐宋元明四個時期，官階以帶板來體現，玉帶板等級的規定非常嚴格，三品以上才可以佩帶。帶板也叫帶銙，三品官佩帶十三銙帶板，官階越高帶板數量越多，四品五品都是金帶，六品七品銀帶，其餘一般以銅鐵製作帶板。

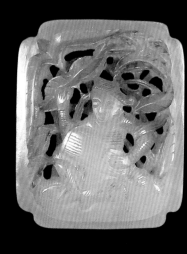

鳳紋玉鉞 (兩件)

圖一、長 8.1cm　寬 5.9cm
圖二、長 8.1cm　寬 5.9cm

白玉質，立體扁長方形，全器
打磨光亮溫潤。依古代玉鉞形
制雕刻，鉞上兩隻立體浮雕鳳
鳥，正中穿一圓孔，為雙面鑽
。

鉞本字為戉，又稱作揚，是大
型化的斧，為先秦時代的武器
，造型為一長柄斧頭。良渚文
化期就已出現玉製的鉞，具有
神聖象徵，盛行於商周。

文化期玉器種類多，玉刀、玉
斧、玉戈、玉鑿、玉圭等，多
為禮儀玉器。

文化期玉斧為氏族社會禮儀首
領執掌的王權象徵物。

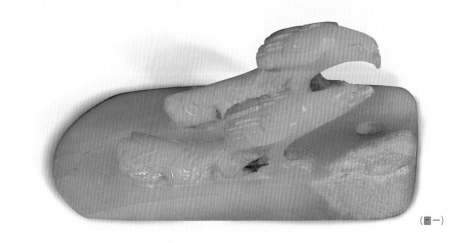

(圖一)

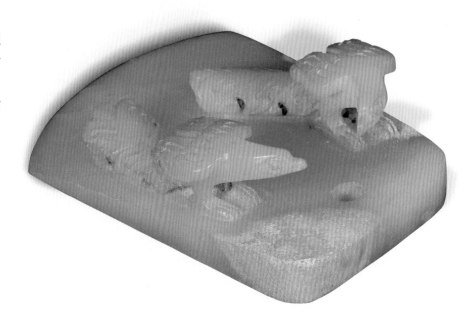

考證一．

1969年山東日照出土龍山文化玉鉞。

玉鉞扁平體，為古代象徵權力地位的瑞器。圓弧狀斜削正刃，持有者具神聖威儀。

二里頭文化遺物。鉞是一種兵器，而玉鉞卻不作武器使用，而是由鉞演化而來的一種典禮上的儀仗器。夏代玉鉞既大且美。玉鉞自新石器時代
晚期開始出現，形態最完整為浙江良渚文化的玉鉞，整套玉鉞由冠飾、鉞牙、端飾組成，扁平呈「風」字形，頂窄刃寬，刃部呈弧形，頂部一
小圓孔，鉞正背兩面刃部上角用浮雕琢出神獸紋圖形，為儀仗器。

商周時期玉鉞仍沿用，仍呈「風」字形，但孔洞加大，刃部亦由弧形變成折刃。周以後玉鉞不再使用。

商代的巫神權族與玉融為一體，商代玉器可分禮器、儀仗器、用具、佩飾。玉斧神人面造型，斧兩側雕出突，呈對稱的鏤空形象。頭戴立體
動物紋高冠。佩飾器繫帶孔呈喇叭口狀，寫實性很強，是商代玉器藝術成熟的例證。

玉鉞源於穿孔石斧，呈扁寬近方形，為軍事首領的象徵，是表彰身份的神聖禮器。良渚文化遺址中，已經有非常精美的裝飾用玉鉞。商周時
鉞一方面是權力的象徵，意味著政權的更替，另一方面為征伐的利器。商代遺址中出土一件九公斤重銅鉞，配柄，為攻戰利器。婦好女將，絕
考證使用鉞為兵器。

漢代壁畫中，戰場上騎馬持鉞的戰士使用鉞為兵器。鉞為腰斬之刑作斧鉞。鉞比斧大三分之一，鉞桿長，較具威儀氣魄，氣勢高昂，珍貴稀有
，在古人心目中份量極重。

良渚玉鉞於反山出土，在刃部上兩邊均雕琢淺浮雕陰刻線紋。

86

(圖二)

考證二.
洛陽博物館珍藏2002年出土西周玉鉞。

考證三. **商 玉鉞**

考證四. **新石器時代晚期-良渚文化 玉鉞**

新石器時代以石器為工具,自新石器時代中期形成以
玉琢成不同於生產工具的專門禮器或飾物。獨特的治
玉方法琢玉,以解玉砂輔水,用砥磨刻碾琢雕,成器
後拋光,成為獨特藝術門類之一。新石器時代晚期-良
渚文化(公元前2750~1890年),玉鉞由石斧衍化而來,
青綠帶褐黃玉質,器面拋磨光澤,寬幅直刃,近窄端
穿一孔。每個時代形制與功能,審美觀念並不一致,
良渚文化的玉鉞是象徵權力與地位的禮器。

考證三. 商 玉鉞圖　　　　　考證四. 新石器時代晚期 玉鉞圖

蟬

長 9.8cm　　寬 4.6cm　　厚 2.4cm

青白玉質，周身沁色自然，全器以淺浮雕雙陰線及大斜刀工法琢製，玉蟬圓目突出，紋飾華麗，設計極富巧思，為圓雕精品。

商周時期，在青銅器上已有以蟬的形象來裝飾，蟬紋形式上分寫實和變形，以浮雕和線刻製作。商周玉蟬形制古樸，雕刻粗放。身翼窄小成細長倒梯形，用於佩帶。由於和闐玉材貴重或因玉材缺乏，與身份地位及經濟亦有關連，玉蟬較少，王室用和闐玉料製作。

考古資料記載，新石器時代已有玉蟬出現，商代殷商婦好墓曾有玉蟬出土，玉琮裝飾也有蟬紋。

玉蟬分三種：一是佩蟬，頂端有象鼻孔，對穿；二是冠蟬，用於帽飾，腹部穿眼，三是含蟬，用於禮儀，不穿眼。

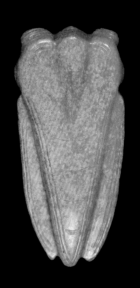

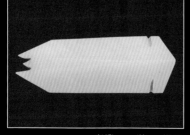

考證二. 漢 玉蟬圖

考證一. 戰國 玉蟬

戰國（公元前475~221年）青白玉質，黃褐色沁，部份呈玻璃光，光澤溫潤，中間厚左右兩側較薄，圓雕立體狀，中軸平衡，左右對稱，腹部平坦尾端上翹，背部中間隆起，呈現陰刻線紋，兩斜邊等距，蟬翼的斜紋與橫線勾勒出翅膀形狀，背部中間削凹形，雕網紋成三角形圖案，蟬首部有雲紋飾，斜穿象鼻孔，腹部刻有雲紋，底部刻弧狀線，陰刻線紋很有力道，以一直線在中間作分隔線，並描繪蟬翼的紋理特徵，在兩翼之間琢磨一道淺溝，以立體化呈現蟬的寫實。

玉蟬正反面皆以寬陰線雕琢，線條有勁，形象逼真。蟬經過長期演化，變化出不同的紋飾，戰國時期紋飾在細節上較繁複，經演化而形成漢八刀的簡潔造型。玉蟬在歷史文化上佔有重要的地位。

考證二. 漢 玉蟬

豬形握

圖一、均長 11.2cm　　均寬 2.2cm

圖二、 長　11.2cm　　寬　2.2cm

青白玉質，紅褐色沁，保存完整。

漢代玉豬，數量多，用料之優，工藝之精，是古代歷史上玉豬之最。漢人在禮儀玉中的握，便是「握豬」，握豬寓意財富，古人相信具辟邪除災特殊功能，製成護符，使用握豬具深遠意涵。

距今2300年前史前卑南遺址，出土兩隻完整的陶豬，長約8公分，是由夾沙陶土製作，栩栩如生。豬在十二生肖裡歷經一甲子，象徵承接否極泰來的年份，融入人類生活。漢以前，新石器時代古文化中未發現寫實性的豬。

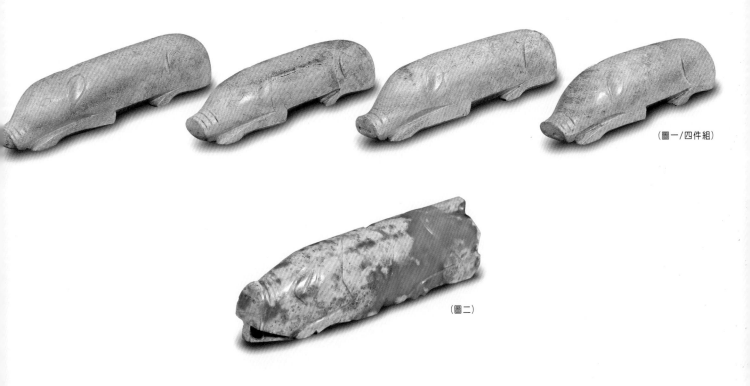

(圖一/四件組)

(圖二)

考證一．
1959年河北中山簡王墓出土東漢白玉蟬與白玉握豬，現珍藏於河北省博物館。

考證二．
白玉質，玉質受沁自然，色彩繽紛，深入玉理。
玉豬尾部穿小孔，用直線刻劃出三角形核桃眼，運用漢代玉雕特色刀法漢八刀製作，漢八刀並非只用八刀雕琢玉器，而是用相對較精練的刀法，雕琢形制，刻出神韻。八刀指雕琢線條走向的縱面，似漢字『八』的形象。玉豬為圓柱體，頭部略尖圓，以細線和弧線勾勒豬的首、尾、腹，抽象簡化形。西漢玉豬具象，東漢玉豬具形。僅用寥寥數刀，簡練流暢，刀法中見力量。

考證三．
台北故宮博物院珍藏東漢包金握豬，部份包金脫落，包金部位玉質完好如初，未包金及包金脫落的其他部位玉質白化。漢代僅帝王及王室貴族可以使用包金白玉製作握豬，極為珍貴。

考證二． 西漢 豬形握圖

89

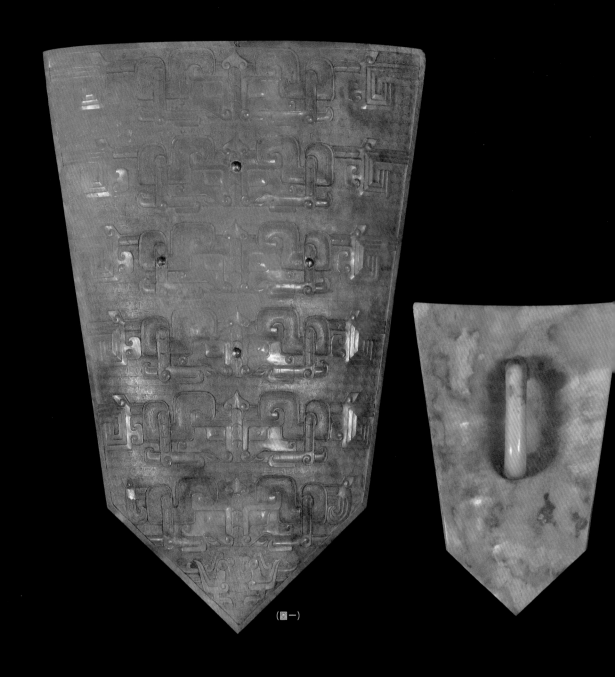

(圖一)

玉崁寶石獸面紋圭形盾 (二件組)

均長 34.1cm　　均寬 21.1cm

尖首平底，青白玉質，正反兩面拋光平滑，正面淺浮雕六個獸面紋及一對鳳鳥紋，再以細陰刻線琢游絲紋及雲雷紋佈滿地子，正面上並鑲嵌寶石四顆，背面有把手。

明人高濂<遵生八箋·燕閒清賞箋>：“漢人琢磨，妙在雙勾，碾法宛轉流動，細入秋毫，更無疏密不勻交接斷續，儼若游絲白描，毫無滯迹。”漢代玉器的琢玉工藝已達極高的藝術水準，毫髮畢現的“游絲毛雕”更是後代無法企及，已成絕響。此盾器表繁複細密，充分展現游絲毛雕精湛技藝，穀紋碾琢以直取圓痕跡明顯。

東漢開啟盾牌的黃金時代，流行雙弧盾樣式。在石刻畫像上，可看到漢代比武所使用的兵器是戟和刀盾。防禦之盾古人稱「干」，與戈同為戰爭用具，故有「干戈相見」等詞，後來稱作「牌」、「彭牌」等。傳說最早的盾遠在黃帝時代就有了，考證防禦史料『山海經』有關「刑天」的英雄人物神話中，描寫英雄一手操干一手持斧，揮舞不停的雄姿形象。陶淵明為此寫詩讚美：「刑天舞干戚，猛志固常在」。在東漢，盾牌為最主要的實用兵器，用來保護自身安全。

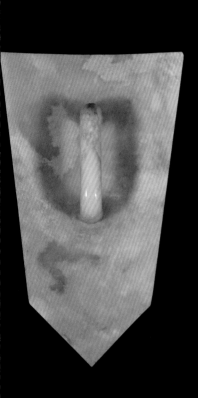

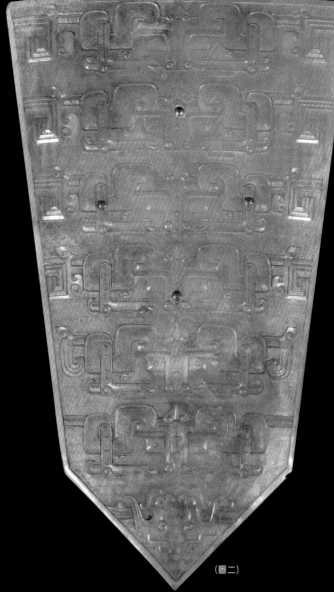

（圖二）

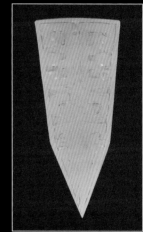

考證 . 三角竊曲紋圖

…洲貴族的標誌是盾牌，中國古
…貴族的標誌是腰帶上的玉。傳
…漢族士兵，持盾則無甲，穿武
…，盾甲皆配。漢代之前，盾牌
…積大，甲冑也更加精良，對防
…之重視堪稱全世界獨一無二。

…期的盾是用木製、皮製，玉製
…為觀賞之用。

考證一. 三角竊曲紋-四周填陰刻雲雷紋

為青銅器紋飾之一，外廓為三角形，中填竊曲紋，一般施於其
他裝飾紋樣之上，通行於春秋戰國時期。

考證二. 竊曲紋-四周填陰刻雲雷紋

由兩端回勾或S形的線條構成扁長形圖案，中間常填以目形紋
，竊曲紋盛行於西周中、後期，春秋戰國時仍沿用。

考證三. 雲雷紋

以連續的回字形線條所構成，常作為青銅器紋飾的地紋，出現
在器物的頸部或足部，盛行於商代和西周，春秋戰國沿用。

考證二. 竊曲紋圖

玉戈

明以後

長 27cm　　寬 10.3cm

青玉質，褐色沁，呈尖首長
方形，兩側有刃，中間為凸
橫線起戟，戈端有雙環及一
圓孔。

戈是商周時期流行的一種兵
器，以玉為戈始見於「二里
頭文化」，出土考古證實，
是一種禮仗器。

玉戈的形式演變分兩階段：
一是二里頭文化期，二是殷
商晚期。前期玉戈尺寸較大
，約三十公分左右，最長出
于湖北黃坡盤龍城遺址，長
九十七公分，無中脊，有鈍
脊，最小僅四到五公分，至
漢玉戈不常見，有直身彎身
兩種，傳世品有以銅鑄成鳥
頭的玉戈。

92

玉舞人鳳紋車座式燈座

宋元或更早

高　34.8cm　　盤徑　12.9cm

白玉質，灰褐色沁，燈體由三個鳳
紋車輪座，頂一大圓盤，三玉人頂
小圓盤及鳳鳥銜盤，中間以長圓柱
體為主架組合而成。上盤立一鳳鳥
，中間玉人首頂三個圓盤並鏤雕龍
紋吊掛鈴鐺為飾，下盤三輪托足座
。全器造型奇特，碾琢洗鍊，寓奇
巧於樸實中，為珍稀藏品。

此燈具是以玉人鳳紋為主體形象，
雕工技藝湛精，玉人表情肅穆嚴謹
，雙目凝視，留有宋元或更早玉器
之遺風。

漢跪坐吏玉燈盤是迄今考古傳世唯
一僅見的玉雕燈俑，是陳設標準器
也是古代實物的見證。

『燕禮』記載，『宵，則庶子執燭
於阼階上，司宮執燭於西階上，甸
人執大燭於庭，閽人執大燭於門外
。』燈最早出現於戰國，戰國至漢
代多為青銅鑄造。漢跪坐吏玉燈是
孤品。

戰國及漢的燈俑，多取奴隸或胡人
形象。

考證一.
河北滿城中山靖王遺址出土『長信宮
燈』，執燈為宮女。

考證二.
河南三門峽遺址出土，戰國跪坐人青
銅燈。

考證三.
河北省平山縣中山王遺址出土，戰國
銀首人形銅燈，戰國跪坐吏俑燈。

考證四.
漢代青銅錯金飛燕銜魚銅燈。

飛雁銜燈 (一對)

高 33cm　　長 22cm

雁回首銜魚鏤空燈形制似漢代青銅錯金飛雁銜魚燈，以神獸面螭鳳紋搭配繁縟紋飾佈滿全器，線條流暢，技藝精湛。

燈座分四區，由雁首銜魚、鏤空燈形、燈罩及長煙管組合而成，是實用與藝術完美結合之作，氣勢非凡。雁頸修長，羽毛有細牛毛紋，身軀中空，雕製獸面紋及鳳紋。燈罩上緊扣雁銜魚罩蓋，蓋頂之上接均勻彎曲的煙管，緊密相連，確保燈座內空氣流通使其穩定燃燒，並顯其穩重大器，工藝精湛繁複，匠心獨具。

漢代工藝精湛，製作青銅器時已能運用，龍、鳳、虎、鹿等紋飾圖騰，製作過程中能將銅、銀兩種不同材質互相搭配，青銅錯金飛雁銜魚燈就是漢代眾多青銅器中具實用性的器具。

古代以雁為造型的青銅器為數不少，漢代飛雁銜魚的題裁尤多，因『魚』與『餘』同音，有『年年有餘』之意。

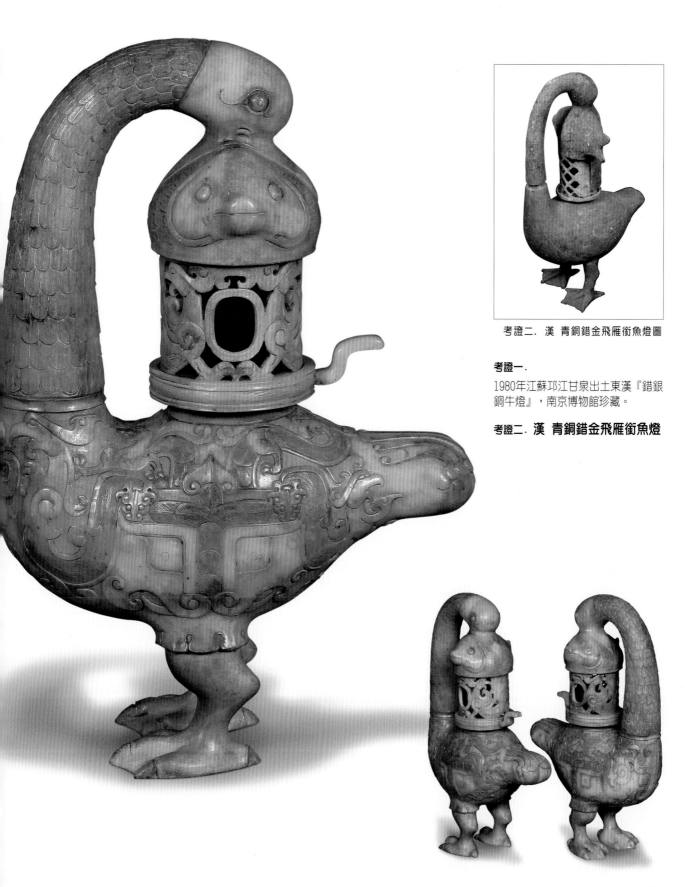

考證二. 漢 青銅錯金飛雁銜魚燈圖

考證一.
1980年江蘇邗江甘泉出土東漢『錯銀銅牛燈』，南京博物館珍藏。

考證二. 漢 青銅錯金飛雁銜魚燈

玉鳳紋燭台 (一/一對)

均高 19.8cm　　均盤徑 11cm

白玉質，褐色沁，立體圓柱形。燈由盤、柱、底座三部分組合而成，圓形燈盤盤面平滑，沁色自然，每個燈盤上均各雕一隻鳳鳥，鳳鳥背上羽毛上捲撐一小燭座，盤壁外側以剔地隱起工法遍飾十三對幾何形連身雙鳳首紋，剔地部分則佈滿細密網格紋，盤壁琢工之細緻令人驚嘆。

燈柱亦是把手，為兩段式圓柱形，上半部柱上淺浮雕對稱雙鳳兩對，鳳尾向上延伸至柱煩，弧線流暢優美，下半部柱上淺浮雕兩個獸面紋及變形勾連雲紋。柱上另鏤雕雙鳳，充分展現立體感。底座為覆圓盤形，座面雕琢立體雙鳳及兩個獸面紋與變形勾連雲紋。

此圓雕燭台結合了實用性與造型藝術結構嚴謹，形制華麗優美，具漢唐神韻，為罕見珍品。

(圖一)

(圖二)

玉鳳紋燭台 (二)

圖一、 高 21.5cm 盤徑 10cm

圖二、 高 21.8cm 盤徑 10.5cm

考證一. 戰國晚期~西漢
青玉勾雲紋燈
北京故宮博物院藏

北京故宮博物院珍藏戰國玉勾連雲紋
燈,是中國早期燈具的代表性作品。
漢代時燈具更多,造型也多樣化,惟
傳世與出土均少見。

考證二.

1968年河北省滿城縣出土西漢青銅器
長信宮燈,現珍藏河北省博物館。

考證一. 戰國晚期~西漢
青玉勾雲紋燈圖

99

獸面弦紋鋪首

長 7.2cm　　寬 5cm

青白玉質，扁方形，中央淺浮雕獸面紋，是嵌在門上的裝飾。

鋪首含有驅邪意義，是漢族傳統建築門飾，獸首銜環之狀。以金製稱『金鋪』，以銀製稱『銀鋪』，以銅製稱『銅鋪』。獸首銜環，在商周銅飾上早已使用金屬製作虎、螭、龜、獸等形，藉神獸形象保護身家安全。

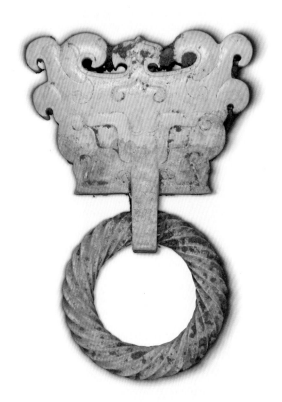

考證三. 戰國 獸面青銅鋪首銜環圖

考證一.

1968年河北中山靖王遺址出土，西漢鑲玉鎏金銅鋪首。

考證二.

1974年陝西興平茂陵出土青銅獸面銅扣鋪首，現藏茂陵博物館。

考證三. 戰國 獸面青銅鋪首銜環

1966年湖北江陵縣望山2號遺址出土一件戰國中期錯金銀銅樽，有蓋，蓋上飾四個鳥形鈕，樽腹外壁附一對獸面青銅鋪首銜環，腹下為獸面蹄形足，腹周及蓋面飾錯金銀的變形龍鳳紋與雲紋。此銅樽極稀有珍貴，現藏於湖北省博物館。

鳳紋方形燭座

高 14.4cm　　盤徑 14.8cm

白玉質，立體四方型，雕琢雙鳳捧燭台，整塊玉料一體成形，設計四方盆。玉盆琢製平面淺浮雕階梯乳釘紋，立面琢飛鳳紋，四邊三角形足，左右兩邊立鳳，中央鳳首相背，頂雙圓承盤貫穿，頂端豎立燭台，寓意四時光亮和暢的期望。此燈座留有唐宋或更早遺風，具陳設欣賞收藏價值。

中國古代文人嚮往反璞歸真的生活，燭具具人文雅趣，將居室藝術提昇至一種形而上的層次與境界。著名「禪燈」高麗石為佳，有日月二石，日燈得火內照，一室皆紅，曉日東昇；月燈灼以油火，其光白瑩，夜如初月出海，見證明人居室的照明有日夜之別，材質之選用亦精心擷取。

考證.
東漢人形吊燈，湖南博物館珍藏。

羊尊鳳紋燈 (一對)

高 17cm   盤徑 14cm

白玉質，褐色沁，臥羊形燈座一
對。羊昂首，雙角捲曲，身軀渾
圓掏膛，背上雕琢立體鳳鳥鈕蓋
，器腹雕琢淺浮雕饕餮獸面紋，
左右琢製對稱虺龍紋，地子浮雕
穀紋補白。羊首上方雕一只鳳鳥
及橢圓形燭盤，與羊座鳳紋對望
，展現出寫實又浪漫的藝術風格
，臥羊神情安閒，外觀線條優美
，雋秀傳神。

玉器工藝，在每一個時代，都呈
現不同的風采，羊燈是一種吉祥
器物，即以羊做各式各樣的燈，
有「金羊燈」、「銅羊燈」、「
絲竹羊形燈」、「宮燈」等，象
徵平安祥和。北周庾信有「兔月
先上，羊燈次安」的詩句。唐代
有著名的「三彩陶羊」。

戰國與秦漢時期的青銅燈具，已
有擋風調光的燈罩，和消煙除塵
的導煙管。每個時代的燈具，都
是當時社會生產力發展的一個縮
影，也是藝術和科學相結合的見
證。

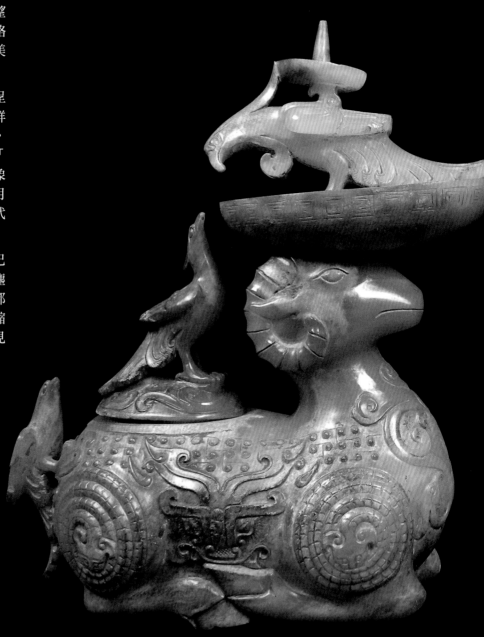

考證一.
1968年河北滿城漢墓遺址出土，銅羊
尊燈。

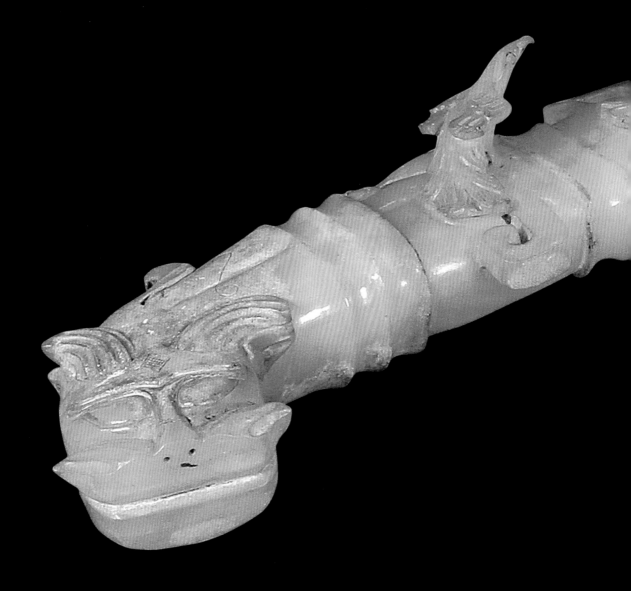

龍鳳帶鉤一 （一對）

長 35.5cm　　寬 5.2cm

白玉質，黃色沁，立體長方圓雕，背柱橢圓式，帶鉤玉質通透溫潤，屬中形玉鉤，窄身弧起，左右琢製龍首。鉤面設計立體高浮雕鳳鳥六隻，身形各異，神態悠閒。

此兩對帶鉤不論玉質、色澤、琢工均甚佳，鳳鳥細陰線紋更是一絲不苟，整體造型頗富神韻，屬唐宋玉雕精品。

宋代仿古玉帶鉤，元代時被蒙古人用於腰帶上。帶鉤是由鉤首、鉤頸、鉤體、鉤面、鉤尾、鉤柱、鉤鈕等組成，帶鉤用途廣泛，既實用又是裝飾品。

玉帶鉤用於繫扣衣裳，腰帶與鉤佩垂物，一度式微，春秋時期又興起。玉帶鉤與金銀製帶鉤風格相同，戰國形制獨樹一幟，器身橫長上拱，下方有一凸出鉤鈕。

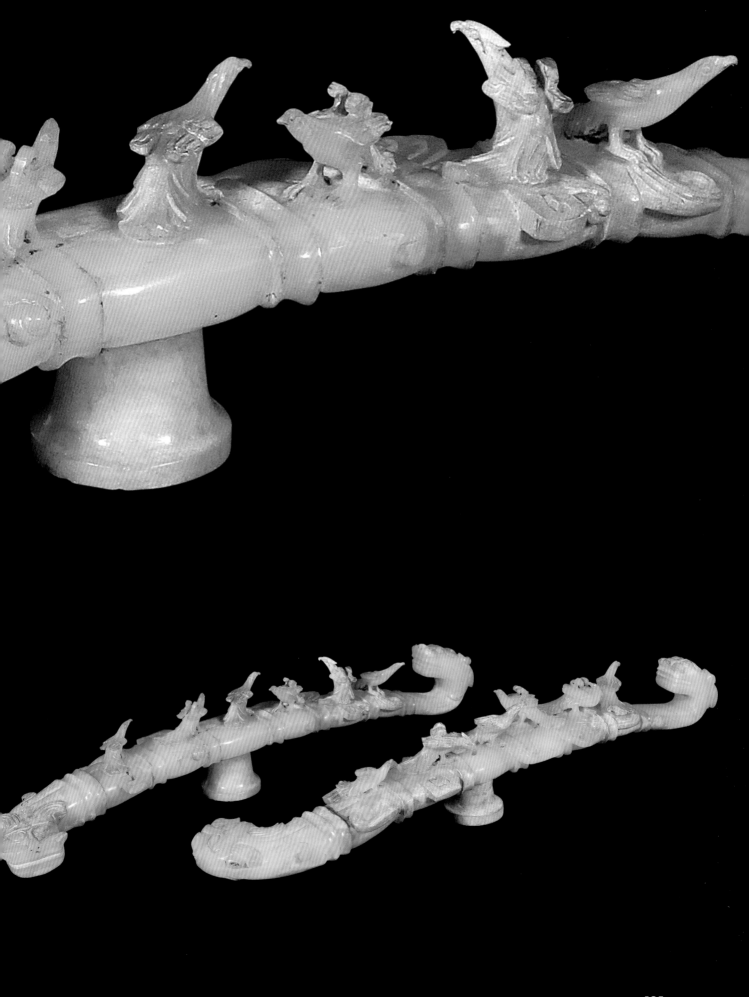

龍鳳帶鉤二（一對）

長 34cm　　寬 4.8cm

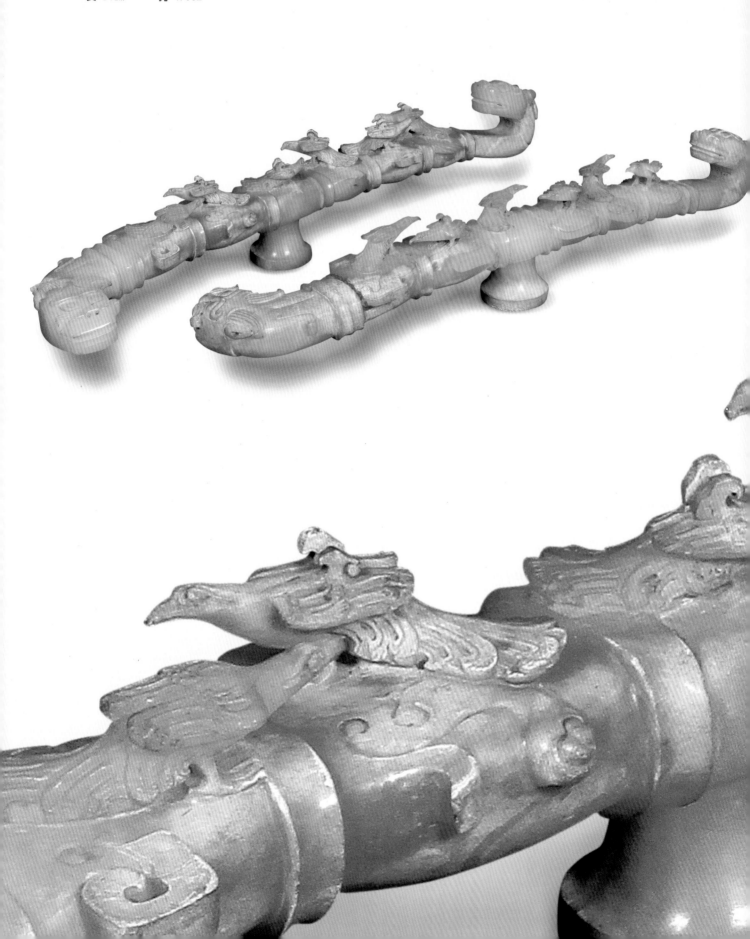

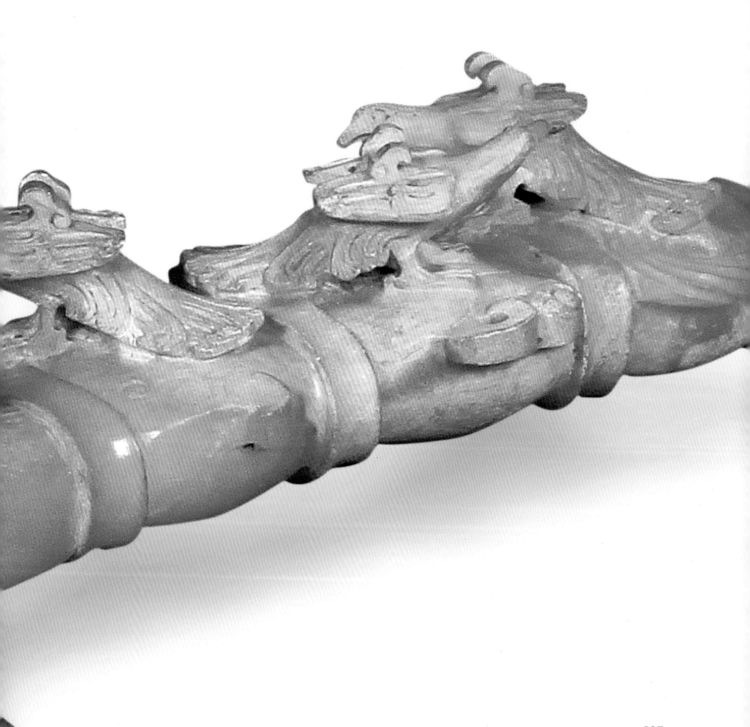

龍鳳首鳳紋帶鉤 (一對)

長 27.5cm　　寬 8.3cm

青白玉質，鉤首作龍鳳首形，器身立體浮雕，背柱橢圓形，龍首鉤高浮雕七隻鳳鳥，鳳首鉤六隻鳳鳥。

龍首帶鉤如意式蒜頭鼻，頭頂雙角向上，內捲凸出，雙目圓凸，炯炯有神，昂首張口露齒，嘶吼狀，形象生動有力。鳳首帶鉤雙目凸出前視，鳳嘴鉤喙長尖，如意式捲紋鼻，雙眉上揚，頭花圈捲紋嵌飾，更顯柔和魅力。龍鳳首打磨光滑溫潤，雖部分沁色呈現侵蝕斑駁之狀，但整體造型搭配自然形成的巧色讓此對帶鉤更顯珍貴。

龍鳳首帶鉤壹對，以鳳鳥為主題，寓意吉祥。隻隻鳳鳥均精雕細琢，線條纖細流暢，鳳形古典之美展露無遺。龍鳳形身腹、首、頸、翅翼、翎毛及圓鼓鼓的雙目均刻劃的奇巧逼真，器形圓潤飽滿，充分展現唐宋或更早神韻。

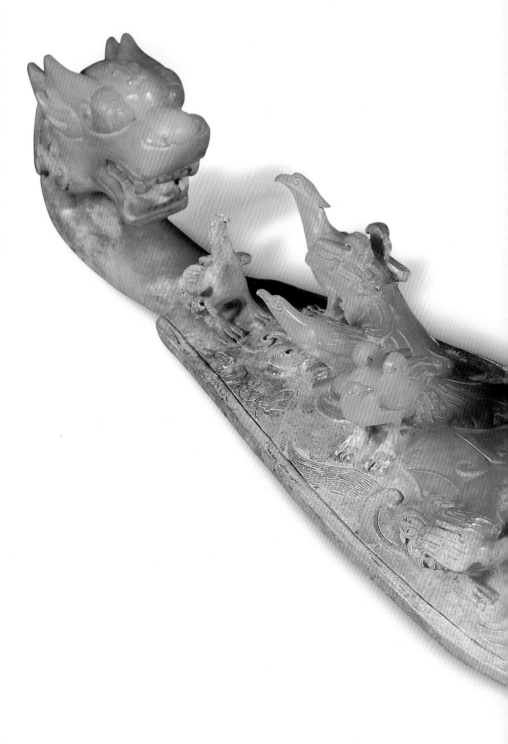

鳳鳥紋紙鎮 （一對）

均長 8cm　　均寬 24.2cm

白玉質，黃灰色沁，整塊
玉料雕製，立體長方形，
紙鎮陳設器。立面六隻鳳
鳥，側面各一隻鳳，運用
平面淺浮雕，琢製饕餮獸
面紋、鳳紋，精細刻劃，
陰細線縱橫相連，階梯式
乳釘紋，佈局嚴謹，井然
有序。線條細部處理地子
求變化，採取對稱工法，
側面立鳥勻稱，使平面變
化新視點，增添了藝術感
染力。長方體寬面上設計
採立面圓雕、浮雕、透雕
等綜合技藝，琢製六隻鳳
鳥，作展翅狀，隻隻形態
各異，靈氣十足。

鳳紋紙鎮玉質美構圖佳，
工藝精湛，以三度空間呈
現鳳鳥騰空之狀，玉雕藝
術臻於極致，足見唐宋或
更早玉匠才華橫溢。

玉螭鳳紋圓盒

漢

徑長 5.8cm　　高 4.5cm

白玉質，褐色沁，圓形體。盒蓋面以淺浮雕琢三圈紋飾，內圈琢穀紋，中圈琢蒜頭瓣紋，外圈勾連穀紋，盒蓋邊緣陰刻穀紋，盒身淺浮雕螭鳳紋及變形雲紋。細陰刻線皆呈斷續狀，且以直取圓痕跡明顯，為人工雕琢。玉盒子母口之間，琢磨精細，合縫規整，內腔壁厚薄一致，玉質緻密，色澤勻稱，拋光精細，琢製水平極高。

考證一.

1997年安徽巢湖市出土西漢柿蒂紋玉盒。

考證二. 戰國晚期~西漢早期 雲穀紋玉盒

戰國晚期~西漢早期（公元前475年~221年）白玉質，黃褐色沁斑，立體圓形，盒身飾勾連穀紋及變形雲紋，盒蓋上雕蒜頭瓣紋，此盒紋飾採減地隱起技法，紋飾有細微突起，以雲紋淺浮雕為主，地子打磨痕跡清晰，穀紋留有明顯琢痕。西漢實用玉器具，不僅體現在用途上，思想觀念上，技藝吸取東周玉器之長，雕琢工藝達到另一嶄新的水平。

定陵博物館珍藏青玉盒，高6.8公分，外徑8公分，圓筒形，平口，底有四個矮足，出土時器內裝有黑色圓形皂一塊，為北京市十三陵定陵地宮出土。

考證三. 新石器時代晚期

南越王墓博物館珍藏1983年出土西漢青玉盒，高7.7公分，外徑9.8公分，盒蓋與盒身有子母口相扣合，裝飾有三圈紋飾，玉質溫潤。

考證二. 戰國晚期~西漢早期 雲穀紋玉盒圖

牛形硯調色器 (兩件)

圖一、長 13.9cm　　高 6cm
圖二、長 13.9cm　　高 6cm

青玉質，黃褐色沁，器身有四個調色孔，二牛均呈臥狀，背部寬平，兩側有耳，形制似西周牛形玉調色器，形古拙，立體厚實，為實用器具。

調色器與硯同宗，起源文化期時代的石質研磨器，是製彩陶時研磨顏料，兼具研製與調色用途。西周文明證實，主要用於繪畫調色，源於先秦時期五色概念。帝王禮儀，必以五色土鋪砌祭壇，東青、南赤、西白、北黑、中黃。在『漢書』中，已有五色概念之說，牛是禮儀祭祀神靈的最高等級犧牲。

(圖一)

考證. 西周 玉牛型調色器圖

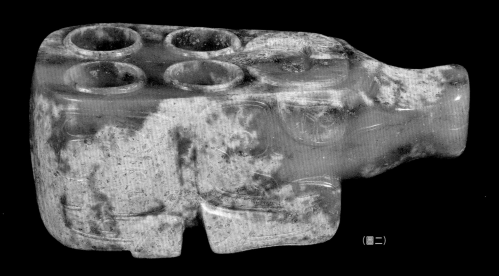

（圖二）

考證. **西周 玉牛型調色器**

1964年洛陽市北窯村遺址出土西周玉牛形調色
器，為稀有罕見器物。器形紋飾以斜刻的寬陰
線和細陰線組成，用雙勾線條刻劃牛角和牛足
，是典型雙線勾勒與獨創一面坡粗線相交出陽
紋，運用不同反光和陰線之差剛柔並濟，更顯
立體感，具有歷史社會禮儀意義。

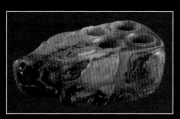

考證. 西周 玉牛型調色器圖

柄首鏤雕玉刀 （一對）

均長 25.1cm　　均寬 7cm

青白玉質，刃由兩面磨成，刀尖略翹，柄首鏤空透雕並以戰漢特色纖細游絲紋琢五對連身雙鳳，雙面工，鳳首圓眼，身軀S形左右上下交錯，極富動感，其中兩隻鳳眼嵌綠松石，格外醒目。此種左右對稱的鏤空設計為戰國典型特色，美國哈佛大學沙可樂博物館及安徽省合肥市文物管理處戰國龍鳳紋玉佩均有類似形制，此玉刀紋飾華麗，刀面有脊線不具實用性，為古代為禮器。

刀是最早出現的兵器之一，原始人用它切、砍、划、刮，或割獸皮之用。殷商銅刀脫胎於原始的刀，並出現了大型的戰刀，周代所用的環首長刀，不僅漢代延用，而且流傳至日本、朝鮮。漢代帝王、將相、公卿，均佩刀而不復佩劍，因此刀在漢代極為重要。考證古代刀的使用，明代王圻『三才圖會‧器用』卷六：「關王偃月刀，刀勢即大，其三十六刀法，兵仗遇之，無不屈者。刀類中以此為第一」。

唐代已使用無環的裝柄刀，刀在軍事上已超越了劍。宋代承襲三國、兩晉、隋、唐之制，傳統單刀只一色，刀形重，鐵刃也寬。大刀廣用，有屈刀、偃月刀、眉尖刀、鳳嘴刀、筆刀等。滾雙寶刀為明代名將所用，明代多仿日本刀式，作雙手握柄的長刀，武術家用「刀如猛虎」來形容勇猛彪悍，雄健有力。單刀、雙刀都是短兵器，所謂「單刀看手，雙刀看走」。著名出土文物中，以宋代青龍偃月刀聞名。在著名『三國演義』中，青龍偃月刀為關羽所使用的兵器。武俠用刀在歷史典故中以雄渾豪邁、揮如猛虎的風格而馳名，在十八般武器中，兵刀排名第一。

殷商時已有銅刀，西周刀形已改變，刀柄無明顯分界，柄部略厚。刀的盛世是戰國時期騎兵作為獨立兵種之後。實物出土的陶俑，佩帶刀，是騎兵使用。

漢代的刀，直脊有刃，刀柄首扁圓環形。南北朝後，刀還是重要武器。李白『從軍行』從軍玉門道，逐虜金微山，笛奏梅花曲，刀開明月環。反映了當時作戰主要用刀。

工具類禮器有玉斧、玉琮、玉刀、玉圭、玉鉞、玉戈等。

新石器時代晚期出現雙孔石刀，玉斧、玉戈則是商周的代表性器物。此器類似安陽市花園莊東地54號出土的翹尖玉刀，是商代晚期玉刀標準器。考證文獻，西周中期以後刀身不再刻紋，且翹尖轉平直。翹尖玉刀除花園莊54號出土外，1976年殷墟遺址出土兩支及河南省鹿邑縣出土玉刀。此器物為同類玉刀最早實物例證。

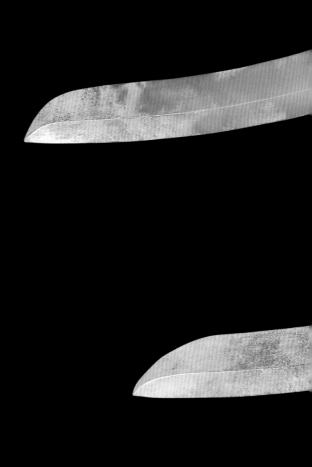

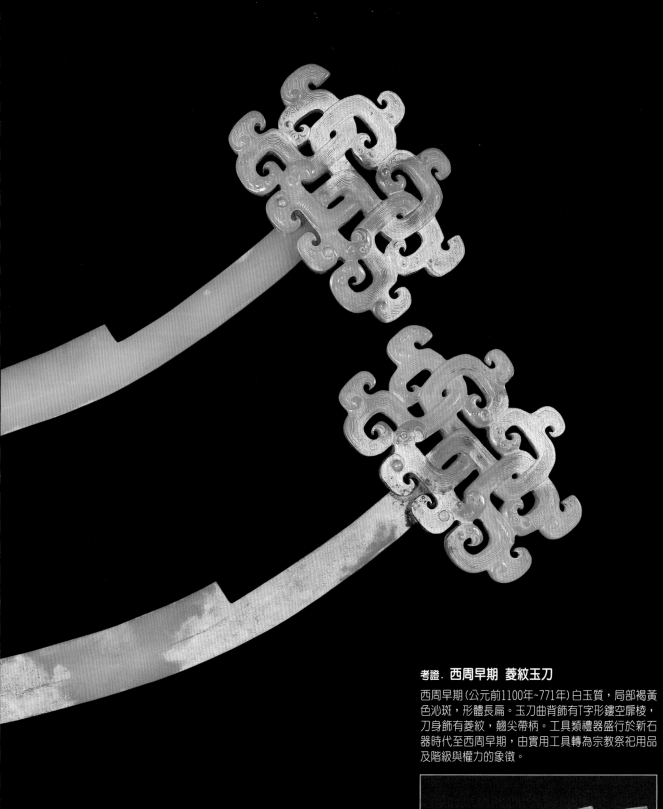

考證．西周早期 菱紋玉刀

西周早期(公元前1100年~771年)白玉質，局部褐黃色沁斑，形體長扁。玉刀曲背飾有T字形鏤空扉棱，刀身飾有菱紋，翹尖帶柄。工具類禮器盛行於新石器時代至西周早期，由實用工具轉為宗教祭祀用品及階級與權力的象徵。

漢代人形圖四十八件組 （兩組）

漢

圖一、均高 5cm　　均寬 3.5cm

圖二、均高 5cm　　均寬 3.5cm

運用玉雕技法，採用線條雕琢出人形肢體舞動的形象。

古代傳統養生法摹仿各種動物身形，創作舞蹈動作，改善人體各種症狀，兼具娛樂
教化效果。

玉石雕刻掌握動態線條的意向或走勢，創造出各種人形造型，簡單明快，刀法俐落
，舞動脈絡分明，琢製出生動的養生圖。

『呂氏春秋‧盡數篇』強調運動的重要：「流水不腐，戶樞不蝼，動也，形氣亦然
，形不動則精不流，精不流則氣鬱。」，而莊子的熊經鳥申，體現人類從熊攀樹引
氣與鳥伸頸獵食的情境中領略到運動法則，是古代導引圖的思想背景。

(圖二)

漢代人形圖其中之一特寫，
玉質溫潤，包漿自然。

考證一.
馬王堆遺址，1970年出土漢代養生導引圖。

考證二. 漢 養生人形

考證二. 漢 養生人形圖

礼

儀

玉

玉琮

長 4.6cm　　寬 4.7cm

青白玉質，局部灰白色沁，玉琮方
柱形，中有圓孔，外八角而內圓。
圓孔數十道管鑽痕，兩面對鑽，鑽
痕交錯。八角取義八方，象地之形
；中虛圓以應無窮，象地之德，故
以祭地。

顯微觀察，玉琮切磨四方外形後，
以圓管雙向對鑽，形成中心圓孔，
留有管鑽移位的弧形凹痕，是管具
打孔的證明。

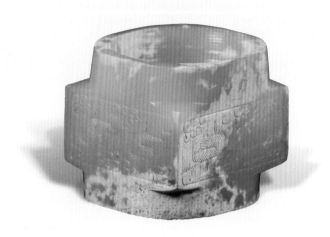

考證一. 文化時期 玉琮圖

考證一.
出土考證玉琮切割規整，折角上方有
幾道切磨圓形射口的痕跡，呈中間寬
深，兩端尖淺狀，由砣具切割而成。
形體矮小，光素無紋，具有典型商代
特徵。

考證二.
1976年殷商出土玉琮。
典型的玉琮很少，遺址出土的玉琮或
琮形器，可分為射高、射短、無射、
方形圓角。外方內圓是典型玉琮，光
素無紋。根據史料，典型玉琮可能源
自三星堆文化。

120

玉琮

長 7.5cm　寬 7.5cm　高 8.1cm

外方內圓的琮形器盛行於新石器時代晚期，製作程序首先切磨四方的外形，對鑽中心圓孔，再切磨上下兩端四個邊角，形成兩個圓形的射口，琢成琮的造型。

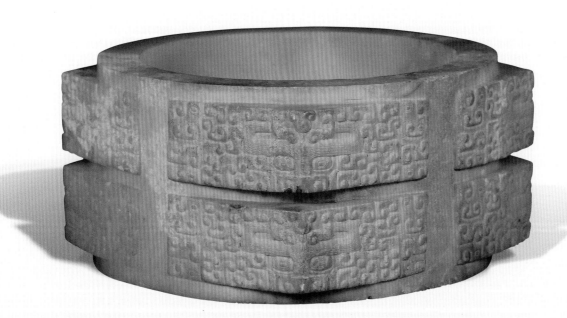

雲紋玉琮

長 9.6cm　口徑 18.9cm

白玉質，通體黃褐色沁，矮琮，方形短射。琮分二層，每層均以淺浮雕琢四個獸面紋搭配變形雲紋及虺龍紋佈滿器表，整體紋飾繁縟華麗，為春秋戰國風格。

玉琮最典型代表是良渚文化的琮，主要圖案是以神人獸面為紋飾，禮儀器，帶有宗教色彩。

古人每逢大事必用六器禮天地四方，琮是祭地之器，體現先民「天圓地方」的宇宙觀。

『長宜子孫』銘龍紋重環璧

高 43.4cm　徑 29cm

玉龍鳳紋出廓璧，青玉質，褐色沁，長方形體，紋飾分四區，璧面內外邊緣凸弦紋，內壁琢井然有序的穀紋，穀紋飽滿，琢痕清晰可見。外緣以淺浮雕獸面紋及螭龍紋為飾，出廓鏤雕獸面及雙龍拱「長宜子孫」鏤空璧，螭龍身上陰刻線細如髮絲，線溝磨光，纖毫畢現，玉光瑩瑩。鏤空且有銘文的璧非常罕見，此雙龍環抱吉語出廓璧通體雕工細緻，追古漢代遺韻。

考證一. 雙螭紋長宜子孫玉璧 天津博物館藏

1982年國際報導挖掘出土東漢雙龍紋玉璧，上有隸書宜子孫銘文。漢代玉璧出廓部份，獸紋或文字線條的中脊有一條流暢的細陰線，為考證依據之一。

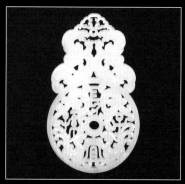

考證一. 宋 雙螭紋長宜子孫玉璧圖

考證二. 白玉長宜子孫銘夔鳳紋璧 北京故宮博物院藏

考證二. 清 白玉長宜子孫銘夔鳳紋璧圖

鏤雕『宜子孫』重環璧

高 38.5cm　　寬 28.8cm

黃玉質，長方形體，局部褐沁色，紋飾分四區，重環璧造型。內璧環以雲穀紋、網格紋、變形螭紋為飾，外圈圓以雲穀紋、S紋、組合的浮雕虺龍紋為飾，出廓外緣鏤空雙鳳紋，透雕『宜子孫』銘，上緣雙龍拱璧，透雕龍紋。

重環璧設計將玉璧透雕為大璧內小璧重環狀，是漢代典型玉璧的一種。

（正面）

（反面）

123

雙龍紋『延年』銘出廓璧

長 15.2cm　寬 10.8cm

白玉質，褐黃色沁，長方體，紋飾分兩區。內圓璧佈滿平行線，交織排列工整浮雕雲穀紋。出廓璧為立體雕刻雙龍，中間透雕文字吉祥語，刻『延年』銘。

明清宮廷崇尚古風，運用高超技藝琢製，創造出明清玉器獨特的風貌。。

1976年，咸陽市周陵公社新莊村出土，直徑15.8cm、厚0.7cm，乳釘紋出廓雙螭延年玉璧，下半部殘失，璧面浮雕乳釘紋，正中鏤雕篆書延年二字，左右鏤雕一隻螭虎，璧雖殘器，但造型生動，延年兩字琢出細陰線，線條流暢，為東漢玉器精品，原懸掛室內牆壁上，祝福主人延年益壽。現藏咸陽市博物館。

玉璧最早發現，距今已有五、六千年，每一朝代的玉璧都有不同風貌呈現。

1969年，河北省定州遺址出土，「雙龍銜環」穀紋玉拱璧。

124

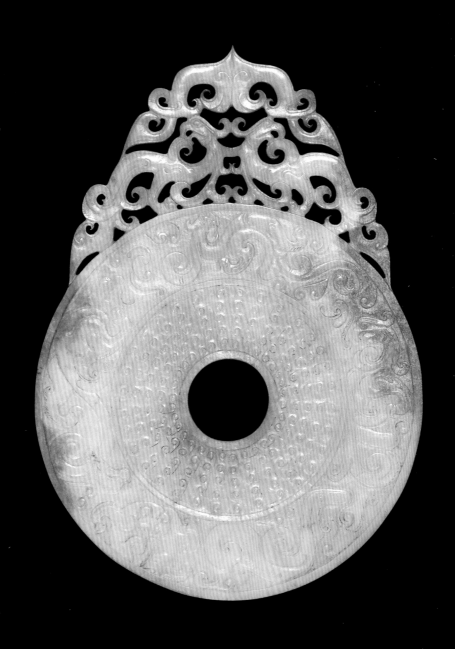

鳳鳥鏤空螭紋出廓璧

長 16.5cm　　寬 11.9cm

白玉質，黃褐色沁，長方體，紋飾分三區。內壁圓為工整排
列浮雕穀紋，外壁圓為浮雕螭鳳熊紋一圈，出廓以雙鳳鏤空
為飾，造型繁複，寶光四溢，琢製精工，具明清遺風。

乾隆時期，玉器空前繁榮發展，推崇古雅風尚，琢製歷代玉
器並認同一種以文人逸事或山水名勝為主題，強調「畫意」
的玉器雕琢饒富雅趣。這種將繪相關因素帶入深雕淺琢的玉
器作品，不僅是創新也為玉器工藝開創了新的里程碑。

玉螭鳳紋鏤空出廓璧

長 27.8cm　　寬 18.9cm

白玉質，色沁微黃，長方形體，紋飾分為三區，內璧以階梯式連線乳釘紋為飾，外區淺浮雕八隻螭紋及四隻鳳鳥紋，結構奇特，兩兩相對，出廓鏤空對稱螭鳳紋。

全器琢製細膩，工藝精湛，莊重古樸，螭鳳紋均以游絲細陰刻線琢製，遺韻漢唐風格。

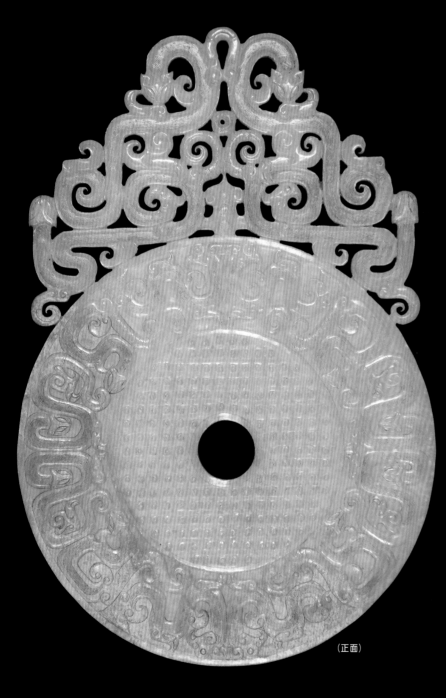

（正面）

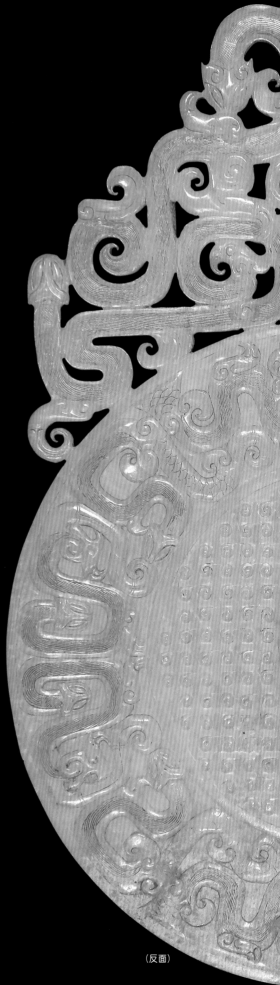

（反面）

126

獸面鏤空龍鳳璧

長 19.8cm　　徑 19.2cm

青白玉質，黃褐色沁，玉質溫潤，外緣獸面紋受氧化銅沁，有細毛紋現象。平面正方圓形，分三圈紋飾，裝飾新穎。最內圈圓璧琢刻細陰線弦紋，圓弧線條彎轉流暢，與中圈龍鳳紋相連。龍鳳紋兩兩相對，長條形透雕等距，作首尾相隨狀，呈U形鏤空，並以細陰線點綴龍鳳紋飾，雕琢細緻，形象生動。外壁出廓四只淺浮雕獸面紋，紋飾綜合游絲陰刻、網格紋及雙勾線紋技法，工藝精湛，使獸面紋在細膩中展現出威猛的神韻。

四角獸面圓璧構圖精美極富巧思，透雕龍鳳環曲狀，可靈活轉動，為漢代稀有珍品。

考證一.
1983年廣東省廣州市象崗出土西漢龍鳳紋重環佩，現藏在西漢南越王墓博物館，為稀有珍寶。

考證二.
1984年江蘇揚州市甘泉遺址出土鏤空透雕龍鳳紋玉璧。

長樂銘螭紋出廓璧 （一對）

長 30cm　　徑 20.6cm

白玉質，褐色沁，璧面內外邊
緣出突弦紋，內部琢井然有序
的穀紋，出廓鏤空雕雙螭紋，
璧上鏤雕「長」「樂」二字銘
文，以隸書體裝飾，全器呈現
雙螭龍環抱吉語圖案。穀紋細
密飽滿，器表呈淺灰白色，減
去周圍地子，留出圓蕊，琢痕
清晰可見，螭龍身上的陰線刻
，細如髮絲，線溝磨光，線條
遒勁流暢，近東漢神韻。

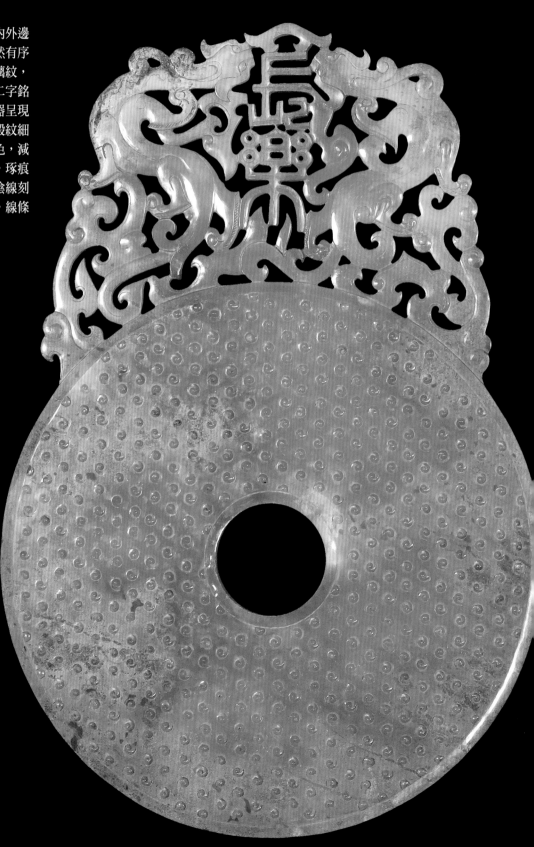

128

考證一.
1984年江蘇揚州出土東漢鳳鳥鏤空
透雕「宜子孫」玉璧。

考證二.
1982年山東青州出土東漢雙龍紋玉
璧，上有隸書宜子孫銘文。

玉螭鳳人紋長樂銘璧 (一對)

長 19.3cm　　寬 11.5cm

白玉質，褐色沁，全器鏤空。璧內雙圓，下圓盤鏤雕雙螭卷
尾紋相對，圓璧鏤雕「長樂」銘，以隸書體吉祥語為飾。雙
內璧出廓鏤雕鳳紋及人紋。此璧運用立體鏤雕、透雕及陰線
雕刻相結合的手法，展現玉雕技藝之美，玉璧整體畫面華麗
，線條流暢，打磨精細，富空靈之美，有漢代神韻。

考證.
故宮博物院珍藏西漢長樂鏤空螭紋璧。

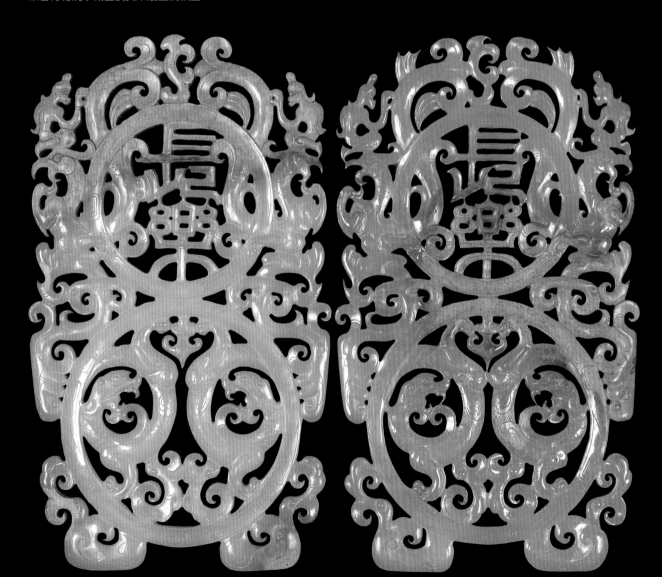

雙鳳螭熊鏤空璧

徑 18.4cm

此璧由兩個半圓合為一鏤雕圓形
，全器琢製鏤空螭鳳紋、網紋、
線紋一圈，內圈圓以細網紋及曲
線分區，外璧鏤雕螭鳳紋為主題
，以細陰線鏤空，琢工規整，紋
飾華麗，形制罕見。

（正面）

玉獸面紋璧

徑長 40.6cm　　厚 0.6cm

青玉質，圓形體，圓璧紋飾分五區，內圓一圈素面、二圈陰刻斜線紋、三圈蒲穀紋相
疊，四圈為陰刻斜線圈，五圈陰刻雕琢獸面紋，與戰國晚期至西漢的雙層璧紋飾相似
。

（反面）

考證・戰國 獸面紋

考證・戰國 獸面紋圖

西周龍紋璧 (一對)

西周

徑長 24cm

白玉質，灰褐色鐵鏽沁，呈色自然溫潤，線條婉轉清晰，為西周典型龍紋璧。璧面切割平整，龍紋採用平行雙陰線襯出中間陽紋線雕法製作。

西周早期玉雕承襲商代晚期技法，中期蘊育出大斜刀技法，掌握治玉力道與目視角度碾玉，運用內細外粗斜線雕琢，線條婉轉流暢，藉光影變化使夔龍身軀產生視覺上的動感。

此對玉璧打磨細膩平滑，玉質透光度極佳，通體琢雙龍紋，臣字眼，眼角拉長且有勾，眼梢出鬚，卷上唇，翹鼻。中間圓孔，修飾圓滑，紋飾立體雙龍游環璧。地子四周以圓弧弦紋刻劃，運用斜刀雙陰線刀法，婉轉流暢，氣韻飛揚，刀法精準明確，與山西曲沃晉侯遺址出土玉璧相似，為西周珍品。

考證一. 西周　雙面夔龍璧

西周（公元前1100年~771年）青玉質，全器褐黃土色沁，深入玉理，分佈自然。璧飾兩隻蟠捲的龍紋，兩面紋飾相同。龍首近環的外緣，身軀呈圓弧形雙龍對稱，中軸線分區左右各一龍紋。雕琢以一寬線與一細陰線，中間呈一陽線相結合的手法，琢刻璧面紋飾，為西周典型大斜刀工法。

此時期運用寬陰線斜琢一面坡形狀，凸顯陽紋，圓弧線條優美，自然流暢，中間鑽圓孔。包漿渾厚，刀鋒凌厲，造型嚴謹，圖騰清晰，器表紋飾井然有序，神形兼備。

璧面厚度僅0.3公分，切面平整，內外緣厚度相當，修整平滑，圓孔兩面鑽磨，中間凸圓留痕，沒有新石器時代晚期粗獷風格。

考證二. 西周龍紋璧　上海博物館藏

考證一.　西周　雙面夔龍璧圖

虺龍紋玉璧 （一對）

徑長 16.5cm

青白玉，褐色沁，局部鈣化呈雞骨白，有硃砂殘留。同心圓外緣出細廓，器表佈滿浮雕卷雲紋、穀紋、蟠虺紋等春秋晚期紋飾，雕琢細膩，紋飾精美。

此虺龍紋璧紋飾形制近似1986年江蘇省吳縣嚴山吳國玉器窖藏出土的蟠虺紋玉璧。

通體琢隱起的虺龍紋，地子飾細陰線紋，為春秋時期玉器精典紋飾。

春秋時期佩玉風氣盛行，『考工記』規定用玉，『天子用全，上公用龍，侯用瓚，伯用將』。周天子在行禮時佩用純玉，上公一等用四玉一石，侯一等用三玉二石，伯一等玉石各半。

考證. **雞骨白春秋玉璧**

考證. 雞骨白春秋玉璧圖

玉『天命』銘獸面螭鳳鏤空紋飾

長 20.3cm 寬 25.8cm

青白玉質，以淺浮雕獸面紋為中心，分兩片飾，全器鏤雕螭
鳳紋及「天命」銘，陰線刻線條流暢，凹弧面設計凸顯玉器
圖騰，主次紋飾相互襯托，呈現鏤空華麗之感。

此器造型裝飾十分講究，拋光精細，藝術水平極高。

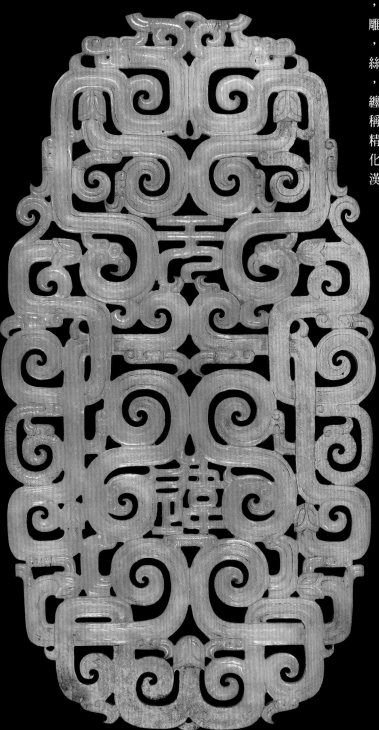

玉天遠銘龍鳳紋佩

長 27.5cm　寬 14.5cm

白玉質，局部淺褐色沁
，長方形，全器鏤空透
雕螭鳳紋及『天遠』銘
，螭鳳紋琢以精細的游
絲紋，又稱『牛毛紋』
，琢工細膩。螭鳳身軀
纏繞，圖案佈局掌握對
稱均衡，陰刻線條琢製
精湛，整體構圖出神入
化，紋飾曲盡其妙，有
漢唐遺韻。

鏤空螭鳳帶板 (四片)

均長 16.5cm　　均寬 6.8cm

鏤空螭鳳，白玉長方形，全器以中間圓形為區隔，內圓三龍三鳳，相互環繞，左右兩端對稱鏤空龍鳳紋飾，龍鳳陰絲線刻劃細膩，琢製精湛，顯示明代或更早玉帶板佩飾的風格。

玉帶板是明代最具特色的玉器，形制組合多元化，裝飾紋飾與歷代風格不同。鏤空透雕應用很早，明代以前透雕花紋多為單面。

此玉帶板琢工裝飾十分講究，達到極高的藝術水平。

考證．明 麒麟紋帶板圖

追慕青銅器造型

玉獸面龍鳳紋彝 (一)

高 22cm
底座長 12.2cm
底座寬 8.5cm

青白玉質，褐灰色沁，立體
長方形，上小底大，四面坡
屋頂，凸鈕。整體造型仿宮
殿式樣，在方彝的四角和每
平面中線，各雕有一道扉棱
。器腹四面中間均有扉棱，
形成一個饕餮獸面紋，上下
陰線刻劃直線紋區隔。淺浮
雕陰線雷紋、線紋、虺龍紋
，整體紋飾風格獨特，刻劃
簡潔，線條優美，沁色成黃
綠色漆古地，有點狀綠色的
銹斑，色彩鮮明，琢工嚴謹
。此器形製為西周青銅獸面
紋彝，紋飾亦近古風，為罕
見珍品。

『周禮』：「六彝：雞彝、
鳥彝、 黃彝、 虎彝、 蜼彝
、 斝彝，以待祼將之禮 」
。所謂的廟堂之器，與鼎合
稱「鼎彝」，泛指青銅禮器
。方彝盛行於商代晚期至西
周時期，青銅方形彝的造型
特徵與青銅方形尊相似，兩
者差異是方尊敞口，方彝為
直口且有蓋，形體呈長方形
，型像房子，上有屋頂型蓋
，四壁較直，有圈足。方彝
存在時間短，早期是陶製品
，青銅方彝是商晚期製品，
西周中期消失。

考證一.
故宮博物院珍藏獸面紋方彝，器
身內底部和蓋內鑄造銘文四字，
其銘文為「王士母辛」，王士與
辛可能為當時人名。

考證二.
1976年殷商遺址出土，青銅方彝
。

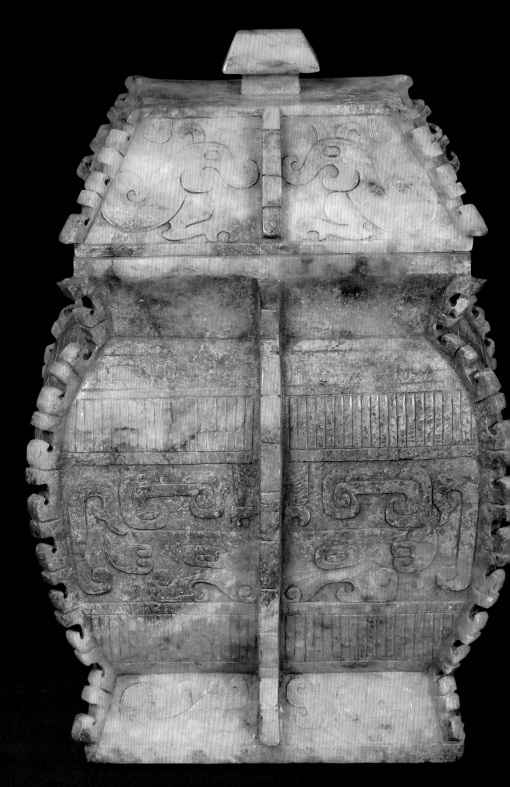

144

玉獸面龍鳳紋彝 (二)

長 14cm
寬 9.5cm
高 26.5cm

青玉質，四壁作弧線狀，蓋的屋脊形似角，中部及腹部有扉棱，形成一個獸面紋。眼鑲嵌綠松石，碩大明顯，面猙獰。全器以饕餮獸面龍鳳紋為飾，線條簡潔有力，設計構圖體現巧思，紋飾複雜精細，造型獨具匠心。

玉龍紋獸首活環耳罍

高 20.5cm　　口徑 11.6cm

青玉質，深褐黃色沁，圓鈕頂形蓋，立體扉棱形口，直頸，陰刻弦紋高圈足，兩側雕琢豎耳獸首銜活環耳。全器簡化，上下腹雕琢龍紋為地，腹中間扉棱凸出方紋形，陰刻直線條紋。全器紋飾雖沁色滿佈，深入玉理，因質地細膩，仍泛溫潤光澤，為商周青銅形制圈足酒器。

考證一.

1992年，湖南桃源縣遺址出土四方罍，又名「皿天全方罍」、「皿天全方罍」，是中國商代晚期的青銅方罍。器蓋上刻有「皿天全父乍尊彝」七字銘文，器身則為「皿父乍尊彝」五字銘文，稱「方罍之王」。

考證二.

1993年，山西曲沃縣北趙村遺址出土西周玉罍，圓雕，肩飾陰線長尾鳳鳥紋。

玉龍紋牛首耳活環簋

高 15.8cm　　口徑 11.2cm

青玉質，黃褐色沁，立體長方圓形，圓蓋帶活環鈕，蓋面淺浮雕夔龍紋，頸部一圈陰刻直線紋，器腹夔龍紋為飾，外廓雕立體鏤空三牛首耳帶珥，弦紋高足底座，整體形制莊嚴厚重。

牛獸首紋是商周青銅器最常使用的題材，用牛來鑄造型，並以高浮雕作立體風格，只有帝王及貴族才能命工匠鑄造青銅器使用。簋在古代是宴饗時盛黍稷的器皿，周朝時多為圓形，後來出現方座、加蓋等多種樣式，器表多用獸面紋與夔龍紋作裝飾。

玉龍紋牛首活環耳四方簋 (一對)

高 21.1cm　　底座長 11.6cm

白玉質，黃褐色沁，立體長圓方形。簋由器腹、四方體座、立體半圓蓋組合而成，蓋面淺浮雕獸面紋，兩對鏤空獸角對稱凸出器表。頸琢彎曲直線紋一圈，並鏤雕四牛首耳帶活環。腹部以淺浮雕夔龍紋及陰刻線弦紋為飾。底座四面雲紋填地琢獸面紋。雕琢刀法俐落，刻畫細緻分明，紋飾清晰，玉料厚實，玉質溫潤。整器端莊威嚴。

商周時期，牛是禮儀祭典中最重要的祭品，除食用外亦當工具使用，牛的肩胛骨還用來占卜，做為力量的表徵。

玉龍紋獸首耳四方簋 (一對)

高 23.2cm　　底座長 11.9cm

白玉質，黃色沁，立體長圓方形，四壁夔龍紋，底陰刻直線，四方座簋。頸腹上端一圈陰刻直線紋，腹底弦紋刻劃一圈，腹中以陰線紋雕琢夔龍紋，軀伏地，淺浮雕，目直視，出廓立體獸面紋帶飾垂珥。器蓋四面淺浮雕獸面紋，上有大耳，下有寬嘴，上端彎角凸於器表，全器紋飾陰線填地，獸面龍紋獸首神韻生動。此器厚實莊重，工藝精湛，玉質溫潤，為古代陳設禮器。

『尚書、洪範』中記載：「唯辟作威，為辟玉食」，「辟」是指王，意指只有王才能錦衣玉食，玉簋就是「玉食」的具體體現。

禮儀器簋與鼎相配使用，簋為雙數，鼎為單數，使用有嚴格等級限制。

考證一.
1976年殷墟遺址出土兩件商代青銅玉簋。

考證二.
故宮博物院珍藏青玉簋形爐,雙耳作立雕獸首形,圈足,頸飾出脊夔龍,附木蓋玉頂。

玉龍紋獸首活環耳四方簋

高 21.1cm　　底座長 11.5cm

青玉質，青玉質，方座，蓋面淺浮雕獸面紋，兩對鏤空獸角對稱凸出器表，頸琢彎曲直線紋一圈，並鏤雕四獸首耳帶活環，腹部以淺浮雕夔龍紋及陰刻線弦紋為飾，底座四面雲雷紋填地琢獸面紋。

西周簋獸面帶耳，增添了有觖角獸紋及鳳鳥主題紋飾的器物，隨著青銅器不斷發展，簋出現了變形紋飾。

商周時期的金是指青銅，因當時青銅是稀有貴重金屬，只有帝王及貴族才能命工匠鑄造使用。

商周青銅鑄造的盌被稱為『簋』，是最主要的食器具，容量為一升或二升。

考證一.
1981年寶雞遺址出土強伯四耳方座簋。

考證二.
1998年隴縣遺址出土鳥紋方座簋。

玉龍紋牛首耳四方簋

高 21.3cm 　　底座長 11.5cm

青玉質，黃褐色沁勻稱，立體長圓方形座，帶蓋。蓋飾大獸面紋，眼睛呈橢圓形凸出蓋面，額上雕琢立體對稱獸角，凸出器表。器腹出廓立體浮雕四牛首耳帶垂珥，腹中夔龍紋相對，底部四壁琢獸面紋，雲雷紋填地四方座。雕琢紋飾以雙線壓地技法，刀工俐落，刻劃細緻，玉料厚實，玉質溫潤，整器端莊威嚴，為古代青銅簋造型。

青銅簋流行於商周至春秋戰國，是古代盛煮熟的稻粱等食物的器皿，也是重要的禮器。青銅簋造型多樣有圓體、方體，也有上圓下方。中國國家博物館館藏青銅利簋又稱「武王征商簋」，就是上圓下方的形制，是西周初期銅簋的典型造型，也是中國古人對天圓地方古老觀念的體現。此玉四方簋形制似青銅利簋，尤其底座四方獸面紋及雲雷紋幾近雷同，唯此玉簋有蓋而青銅利簋無蓋。

根據史書記載考證，商周青銅器為禮儀重器，有很嚴格的等級規範，只有天子可以使用『九鼎八簋』，諸侯則使用『七鼎六簋』，卿大夫使用『五鼎四簋』，士則用『三鼎二簋』，不能隨意越級使用。

玉製禮器，考古遺址出土，考證有西周玉簋、琮、珪、璧、環、瑗、玦、盤等禮器，對研究商周玉禮器的淵源有參考價值。

考證一. **明 龍紋直線紋獸耳玉簋**
　　　　 天津博物館藏

考證一. 明 龍紋直線紋獸耳玉簋圖

考證二. **夏商西周 利簋**

考證二. 夏商西周 利簋圖

157

玉獸面牛首耳簋

高 15.9cm　　長 16.8cm

青玉質，立體長方圓形，三獸面
紋足，上層蓋淺浮雕獸面紋，對
稱獸角凸出器表，蓋與器皿上下
對合。頸飾陰刻線一圈直線紋，
器腹夔龍紋凸顯主題，底部凹弦
紋為次，兩側外廓牛首耳帶珥，
夔龍紋以雙線壓地法雕琢，器型
完美。

鄭玄注：「方曰簠、圓曰簋。盛
黍稷稻粱器」。

玉鳳首龍紋獸耳簋

高 15.3cm　　口徑 15.3cm

青玉質，黃褐色沁，立體長方圓形，雕琢三只獸面紋足，蓋上浮雕三隻鳳首，凸於器表，蓋緣一圈『皿』紋，排列整齊，蓋面浮雕夔龍紋，腹頸雕直線條，凸顯器腹夔龍紋主題，底圈以陰刻弦紋為飾，左右對稱獸耳，厚重嚴謹，造型奇特精緻，為古代陳設禮器。

玉龍紋獸首活環耳簋

高 17.2cm　　長 18.5cm

青玉質，褐色沁勻稱，壁厚，玉質瑩潤，整塊玉料掏膛製成。出廓獸首活環耳，圓鼓形腹，三柱獸面立體浮雕足，山字形填地，器腹淺浮雕夔龍紋，器底陰刻一圈弦紋，器頸兩道陰線紋與直線紋，刻劃整齊，器蓋龍紋眼目刻劃有神，整體造型古樸典雅。

西周後期青銅器鑄造，盤旋龍紋已成形，是春秋時期盤龍紋的濫觴，簋器由此走向衰退。商周簋體厚重，飾雲紋、乳釘紋，少數為素面，或僅飾一二道弦紋。春秋中期只有傳統禮儀中使用，花紋細碎，簋蓋有蓮瓣形，戰國以後簋極少見到。

商代玉製禮器，是以和闐玉雕鑿而成。一件青玉質簋，簋部有兩圈凸弦紋，器腹雲雷紋，雕工極為精美。另一件白玉質簋，侈口圓唇，下腹為鼓，圈足直矮，雕工精湛。

著名西周追簋、回首夔紋簋、獸面紋簋、雷紋獸帶紋盆、竊曲紋簋、鄧侯盂。

考證一.
1973年扶風遺址出土，乳釘紋簋。

考證二.
1976年陝西窖藏，青銅器簋。

饕餮獸面龍形耳玉爐

明

寬 18cm　　高 13.2cm

白玉質，氧化銅沁，器表黃
綠色，部份受鐵沁呈紅褐色
，赭斑自然。豎頸，圓腹，
環耳作立雕螭龍形，龍嘴銜
於爐口，拱形立蓋圓鈕，雕
琢獸面紋、雲紋、雷紋，立
體淺浮雕，運用陰刻牛毛紋
技法，呈現猙獰獸面，口沿
與腹部合成一體。圓腹淺浮
雕，獸面雙目直視，戴冠，
以陰刻雷紋線條為地，精心
琢製短圈圓足，似明代玉爐
。

春秋戰國時期，青銅炭爐是
貴族階層的用具，銅爐既實
用也是藝術品，溫酒爐是古
代守護神，博山薰爐以明代
宣德最為著名，寓意「吉祥
喜慶」。

玉獸面龍紋觥

長 18.8cm　高 15.2cm

青玉質，赭褐色沁，腹部方形體，四方足，四邊出戟，獸頸與蓋相連，獸首呈角獸頭，獸背出戟，獸首雙眼炯炯有神向前凝視，立體雙耳向後，器身為獸腹，形體豐碩大氣。全器獸面紋形象雕製，顯莊重肅穆之感，上下兩層緊密契合，琢製嚴謹，紋飾與商周青銅器雷同，周身赭褐色沁斑，深淺過渡自然，為罕見珍品。

商晚期至西周早期，紋飾最複雜，不僅有主紋、副紋，還以雲雷紋為地，融合深浮雕、淺浮雕、透雕等各種技法。

「不教俗手為新樣，玩物仍存師古情」，乾隆御題詩顯示了他的好古思想，這種好古的觀念，帶動了模仿古器物的趨勢。宮中造辦處依「宣和博古圖」、「西清古鑑」、「寧壽鑑古」等書的青銅器為藍本，進行仿古。為求達到商周青銅器的效果，這類仿古玉器，如觥、鼎、斛、匜、簋等選材玉料多以碧玉或青玉為主，也有採和闐白玉的，但多不作色，且器上皆落有「大清乾隆仿古」或「乾隆年製」款，與高古玉明顯有別。

考證．

1976年陝西寶雞扶風莊白村，出土西周早期昭王『折觥青銅器』。上海博物館珍藏商代晚期的『共父乙觥』。

玉刻銘龍鳳紋鼎

長 18.5cm　　寬 14.5cm　　高 20.5cm

黃褐色沁玉質，長方立體鏤空，鼎四周雕琢淺浮雕鳥紋，以鳥形紋為足，外廓雕琢雲紋扉棱，內腹壁上深刻銘文，雙獸相對耳，技法以減地法凸出陽紋，線條清晰。玉質打磨細膩，有威武凝重之感。

鼎是由遠古陶製的食具演變而來，鼎主要用途是烹煮食物，三足是支架。商周古書記載，天子九鼎，諸侯七鼎，卿大夫五鼎，士三鼎或一鼎，為國家重寶，舉國之力鑄造大鼎。秦後王權象徵衰退，鼎隨佛教在中國傳播得以延續。

商周青銅器是中國古代物質文明的代表，無論鑄造技術或藝術成就，皆已登峰造極。

青銅是紅銅和錫的合金，有抗腐蝕性和色澤美的優點，其中添加少量的鉛，便於鑄造時改善液態青銅的流動性。

周禮·考工記：金有六齊，六分其金而錫居一，謂之鐘鼎之齊。

清代玉雕饕餮紋方鼎，鼎底刻銘文「祥光夜合，佳氣晨浮，于斯萬年，受其之詁」，此鼎帶木托和蓋，整體造型古樸典雅，堪為珍品。

清玉「文王」方鼎，仿商代青銅扁足方鼎形式，附加蟠龍鈕蓋。器外底有銘文：「周公作文王尊彝」七字。

鼎內銘文圖

考證一.

1977年河南淅川縣遺址出土一套七件列鼎，鼎上銘刻有「王子午」字樣。

春秋時代，問鼎中原的楚莊王兒子王子午，鑄造列鼎，又稱王子午鼎。

考證二. 青銅器銘文

古代青銅器敦厚凝重，內壁多銘文，裝飾繁複，西周秉承商代舊制，後隨王權衰退，禮樂崩離，漸隱去走下神壇。

考證二. 青銅器銘文圖

饕餮紋方鼎 (一對)

高 19.4cm

長 17cm

寬 11.4cm

青白玉質，黃褐灰色沁，立
體長方形，立耳，四柱饕餮
淺浮雕形足，四方外廓陰刻
斜紋，長方凸七戟，腹中間
陰刻扉棱，分飾浮雕獸面紋
，獸目巨大，凸眼，方唇，
寬耳。腹面雲紋、雷紋填地
，琢製分明。

鼎是青銅文化期的代表，有
三足圓鼎和四足方鼎，有蓋
和無蓋，另有形制由大到小
為列鼎。列鼎的數目在周朝
代表不同身份等級，通常為
單數，據文獻證實，九鼎為
諸侯之制，七、五鼎為卿大
夫，三、一鼎為士級，但天
子之制為十二鼎是雙數，正
確有待實物證實。

鼎被賦予顯赫、尊貴，一言
九鼎的意義，周代用鼎賞賜
王公大臣，鑄鼎頌表功績。

五千年的文明史中，最輝煌
的記載當屬熠熠生輝的青銅
器鑄造技術的發明，中華文
物五光十色，具有權力象徵
的各種青銅重器，蘊育出深
厚的文化內涵。

鼎的使用規定，隨等級、身
份、地位標誌演變，成為王
權的象徵，國家的重寶，並
為祭祀神靈重要的禮儀器。

考證一.
1939年殷商遺址出土司母戊鼎、
大方鼎。

考證二. 周 獸面青銅三足鼎

考古研究觀察分析,青銅鼎的鑄
造採用組蕊的造型方法,先用土
塑造泥模,翻製陶範,再把陶範
合到一起灌注銅液。商周青銅器
創造了出色新穎的鑄造技術。

考證二. 周 獸面青銅三足鼎圖

**考證三. 清乾隆 青玉召夫鼎
　　　　北京故宮博物院藏**

考證三. 清乾隆 青玉召夫鼎圖

1976年河南省中牟縣遺址出土，
饕餮紋銅盉。

玉龍紋獸首把盉 (一對)

圖一、高 19.4cm　　長 17.2cm
圖二、高 21cm　　　長 16cm

青白玉質，玉質灰黃褐色沁，
獸首形鋬，四獸面蹄形足，龍
紋封頂，圓柱長流，與器身連
為一體。斜肩直線紋、皿紋，
器身外側凸出方形齒凸戟線裝
飾。器身獸面簡化饕餮紋，線
條流暢沁色自然，顯古樸端穆
之神韻。封頂盉是商朝二里崗
期青銅器常見器種，宋代及清
人著銘中已有例證，當時年代
不詳。

此盉沁色自然，受地層擠壓，
因年代久遠，絡裂紋深入玉理
，但全器仍泛溫潤光澤，整體
形制與日本根津美術館館藏殷
商時期饕餮紋方盉相近，為罕
見珍品。

盉是裝酒的器具，古代青銅器
考證，盉不是屬於裝酒器，是
作「調酒器」使用，因為酒與
重要禮儀密不可分，為避免因
酒而讓禮制不成，遂用盉調和
玄酒（水酒）來限制禮儀中必要
的飲酒。

古代調酒器大約六、七千年前
就已存在，浙江余姚河姆渡遺
址出土，陶器中就有盉。

（圖一）

考證一.
1976年河南省中牟縣遺址出土，
饕餮紋銅盉。

（圖二）

玉獸首把活環盉

高 21cm　　長 16cm

白玉質，玉質褐灰色沁，立體長方
圓雕盉形，獸首形鋬帶活環。封頂
共蓋，淺浮雕獸面紋，圓柱長流。
短頸，斜肩，陰刻直立紋、皿紋一
圈。器腹連襠圓柱四足為一體，整
器琢製簡化獸角紋、雲紋，獸面眼
、鼻、耳象形紋飾。器外廓邊側琢
製方形齒凸戟線裝飾，盉體敦厚凝
重，工法嚴謹，深褐色沁佈滿全器
，過渡自然，深入玉理，充份展現
歲月痕跡。

清宮舊藏玉器中有：西周伯定盉、
戰國丁形雲雷紋盉、商晚期父丁盉
。

古代酒器因鑄造有鳳形紋飾，故名
鳳盉。

考證一.
1980年三星堆遺址出土陶盉。

考證二.
1986年北京琉璃河遺址出土，西周成
王時期燕侯克盉。

考證三. 戰國 盉

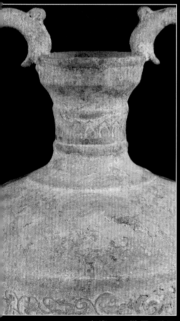

考證三. 戰國 盉圖

獸鳥首獸紋盉

宋～元

高 25.5cm　　寬 21cm

玉質褐黃色沁，圓深腹，鳥首形蓋，鳥嘴鉤喙，橢圓形雙目凸出，圓柱斜長流，圓形足底。鳥羽以細陰線琢游絲紋呈現。浮雕與細陰線剛柔並濟，雕琢出生動的雙翼，減地法異常精美，遒勁流暢纖毫畢現。

器腹緣雕一圈古銘文，器底佈滿陰刻線雷紋、獸面紋、雲紋、鳥紋，用減地法細陰線刻和立體雕琢技術，凸顯鳥首，細部刻描工整嚴謹。

春秋戰國時期，盉口變小，腹部扁圓，流已有作成彎曲的鳥首或獸首狀，蹄形足，足形作成動物的形象，增添了彎曲的提樑，造型精巧。

盉是漢族古代盛酒器，是古人調和酒、水的器具，用水來調和酒味的濃淡。盉有三足、四足，青銅盉出現在商代早期至西周，流行於春秋戰國。

清代文字訓詁學家段玉裁：「盉，調味也，調聲曰龢，調味曰盉，今則和行而龢，盉皆廢矣」。

宋代金石學開始興起，『考古圖』、『宣和博古圖』等金石著作開啟金石摹古之風。此鳥紋盉以陰線獸面紋為飾，陰線痕粗深，搭配細如毫髮短線游絲紋，整體更具流動感，留有宋元或更早遺風。

考證四．西周 盉紋圖

考證一．
1988年河南省平頂山遺址出土，西周鴨形盉。

考證二．
美國弗利爾美術館，珍藏商代人面盉。

考證三．
1984年江蘇揚州市甘泉遺址出土鏤空透雕龍鳳紋玉璧。

考證四．西周 盉紋
獸面紋，臣字眼，雙線壓地呈陽紋，剛勁有力。

玉鳳紋觥

高 17.4cm　長 14.8cm

青黃玉質，黃褐色沁，上下兩區分飾。上層橢圓形蓋，蓋面有一對獸角頭，蓋背直立鳳鳥，羽翅上捲，蓋面陰刻線紋為地。觥器的下層飾三隻出廓鳳鳥紋，並以淺浮雕乳釘紋為次，高圈足。蓋與器身流相連密合，融合了深浮雕、淺浮雕、圓雕、平雕等技術，工精器美。

青銅觥是古代商周流行的酒器，器身橢圓形或方形，圈足或四足，帶蓋有角獸頭，或長鼻上卷的象形狀。有的觥全身為動物形狀，流部為獸頸，用於倒酒。

考證一.

故宮博物院珍藏清仿銅器觥。

考證二.

上海博物館珍藏青銅器犧觥複製品。

考證三.

日本大阪藤田美術館珍藏古代青銅羊觥。

玉獸面紋象首耳提樑卣 (一對)

全高 24.4cm　長 25cm

青玉質，褐灰色沁，立體鏤空長方形。蓋與器腹中央飾浮雕立體大獸面紋，立鈕玉獸面，半圓拱蓋陰刻雕琢雙目，橢圓眼珠凸出，炯炯有神，下額淺浮雕寬嘴，上端有大耳，雕勾雷形紋，立體分明。器緣陰刻「皿」紋一圈，器腹中央雕琢立體象首，兩端圓鈕裝嵌出廓象首提樑，象鼻上翹靈動，底足弦紋刻劃一圈流暢，器形外廓設計扉棱與提樑扉棱紋飾一氣呵成。整器紋飾佈局清晰，厚實莊重，玉質溫潤，雕琢嚴謹，為古代陳設禮器，珍稀罕見。

青銅卣紋飾極為複雜，範線不易察覺，提樑與卣身分體鑄造，原來無法拆卸，考古研究發現隱藏在背後的技術原來是提樑用黃金鑄造，再外包銅質，運用了黃金的柔軟性及延伸性良好，變成可以活動，設計巧妙。

「虎食人卣」是商周時期的青銅酒器，清朝末期，湖南省寧鄉縣遺址出土。

玉獸面紋龍耳提樑卣

全高 24cm　　口徑 11.6cm

青玉質，褐灰色沁勻稱，立體長方圓形，帶蘑菇刻斜紋形鈕蓋，半拱圓。左右獸角凸出器表，中間凸出扉棱，分左右淺浮雕龍紋、「几」紋。瓶腹分四區，器底弦紋高足，器腹上下立體浮雕獸面紋，左右對稱浮現扉棱兩側，中間陰刻弦線直立線條紋，左右出廓立體圓鈕，裝嵌活動龍紋耳提樑，器中立體獸面紋豎耳，凸顯威嚴厚重禮儀器。玉質溫潤，整體卣外廓及提樑，雕琢扉棱，全器以減地法雕琢，此卣形制似上海博物館西周曲折雷紋卣，極富古意，為古代陳設禮器。

宋代文人士大夫，尚古崇玉，金石學之風就肇始於宋代。玉器在唐宋時期已徹底走下禮制神壇，與社會文化結合。宋代宮廷以青銅器為藍本，雕琢古器，使禮教文化增添了文人氣息。宋代玉器仿古青銅紋飾，雖然刻意追摹商周戰漢古韻，但細節處理不及前朝嚴謹，螭紋、穀紋、雲紋琢製刀工纖弱，神韻與戰漢相去甚遠，可以明顯看出差異。

清乾隆青玉雕仿古獸面紋提樑卣，玉質瑩潤，但無沁色，為清代摹古青銅玉器的特色。

古盛行「無酒不成禮」之說，祭神、祭祖禮儀都需要用「酒」，而盛酒的青銅器就是禮器。尊、壺、卣、罍、瓶等都屬於古代圈足酒器。

殷墟甲骨文卜辭，西周金文及先秦文獻中，都有卣存在。卣是商周時盛放禮儀用香酒之器具，形狀為圓形，上有蓋，提樑，底有圈足。

考證一.
1999年甘肅博物館珍藏，西周「口
伯銅卣」。

考證二.
1952年安徽省休寧縣遺址出土獸面
紋玉卣，是南宋時期摹古玉器的代
表作。

177

玉龍紋羊首耳提樑卣

全高 23.1cm　　長 19.3cm

卣是一種器皿，盛行於商代至西周，形制大多為圓形、橢圓形，底部有圈足，是先秦時期酒器。

青玉質，黃褐色沁勻稱，立體長方圓形，玉料細緻溫潤。帶鈕半拱圓形，中間出戟，分左右淺浮雕夔龍紋，口緣一圈雕琢陰刻線皿紋，蓋與器口緊密結合為一體。

腹體分四層紋飾，器頸上部雕琢夔龍紋，下腹淺浮雕陰刻夔龍紋、「儿」紋，左右對稱。腹中出廓扉棱，立體羊首凸出器表，羊首眼、耳、鼻、口，雕琢分明，表情生動溫馴，羊角彎轉逼真。器腹陰刻直線弦紋，刀工俐落，底高足刻陰線弦紋為飾。器卣左右出廓立體浮雕羊首，裝嵌活動提樑，全器雕琢以陰刻技法凸出扉棱，運用減地浮雕法凸顯龍紋羊首為飾的主題，營造立體造型，琢製規整莊重。

考證一.
台北故宮博物院珍藏，西周初期召公卣。

考證二. 宋 鎏金卣
宋元明清崇尚玉製摹古器物，以傳統青銅器為藍本。常見的器形有玉觚、玉爵、玉卣、玉鼎，選料嚴謹。上等玉料並非都集中皇室，民間也有好玉材，文人收藏蔚為風氣，藉以發思古之悠情。

卣字原指草木之實，甲骨文中多加「皿」形聲字，即「口」，今成「卣」。「鬯五卣」、「鬯三卣」等，古時卣字是指專門盛鬯酒的酒器。

考證二. 宋 鎏金卣圖

玉螭鳳紋神鳥形提樑卣
明

全高 27.4cm　　長　18cm

白玉質，立體長方形，黃
灰色沁，由螭鈕蓋與鳥形
體組合而成。蓋面上鏤雕
一立螭，陰刻圓眼豎耳長
舌，四足奔走有勁。器身
淺浮雕鳳紋，雙羽翅陰刻
線紋佈滿地子。底以鳥足
站立為飾，神鳥四平八穩
，兩側出廓鳳鳥螭紋，裝
嵌螭首活動提樑，神鳥線
條婉轉流暢，優美柔和，
粗獷與纖細並重，與明代
玉雕工法相似，為稀珍陳
設玉器。

考證一.
1988年衡陽縣赤石鄉遺址出
土，春秋時期動物提樑卣。

考證二.
1978年河北石家莊市元氏縣
東張鄉遺址出土，西周叔權
父卣，珍藏於河北博物館。

，器形由甗與聯襠鬲組合而成。甗上有立耳，四面出戟扉棱，上層以剔地隱起工法雕四個獸面紋，雙眼凸出，邊飾變形雲紋，下層雕八龍，上下兩兩相對，龍身軀陰刻長直線，呈幾何形圖案對稱，構圖少見，極富藝術美感。聯襠出戟，陰刻長方扉棱紋飾，凸眼巨大，炯炯有神，地子佈滿雷紋。此甗整體氣勢非凡，紋飾奇巧，有漢代神韻。

甗、鬲、鼎是古代烹調盛裝食物的器具，也是商周時代的禮器。新石器時代就有陶甗、灰陶甗，演變至商周青銅器。

商甗多為甑鬲合鑄，連為一體，甑上多立耳。三聯甗卻是在一個長方形鬲上置三個甗，連為一體，即一鬲三甗，極其稀珍。

考證一.
1976年河南安陽遺址出土，三聯甗。

考證二.
歷代著名甗：西漢彩繪陶甗、春秋銅甗、蟠螭方甗、西周獸面銅甗、戈父甲甗、父乙甗、故宮博物院珍藏戰國獸面玉甗。

考證三. 清 青玉仿西周竊曲紋方甗紋飾

考證三. 清 青玉仿西周 竊曲紋方甗紋飾圖一

考證三. 清 青玉仿西周 竊曲紋方甗紋飾圖二

玉牛首紋三足鬲

高 19.7cm　　口徑 12.4cm

白玉質，淺褐色沁，
半圓蓋，三柱足，雙
耳。蓋上三組小型淺
浮雕牛首獸面紋，三
對牛角彎曲突出蓋面
。頸部琢陰刻弦紋，
線條流暢。鬲腹三個
渾圓的袋狀足上各飾
一個淺浮雕巨型牛首
獸面紋，橢圓形眼，
雲穀紋鼻，長角上翹
。

全器以牛首獸面紋為
主要裝飾，端莊厚重
，紋飾大方，整體輪
廓立體感強，獸面紋
形象生動，形制為商
周青銅鬲造型，富古
韻。

考證.
1974年中國北京房山區琉
璃河出土矩鬲，亦稱牛頭
紋帶蓋白矩鬲，是國家一
級文物。

玉獸面紋三足鬲

高 18.4cm　　口徑 11.1cm

白玉質，黃色沁，立體長方形，一鬲無蓋，一鬲帶蓋，分蓋鈕與三足聯襠鬲組合而成。三足鬲鼓腹，圓口，分為三襠，中空掏膛，形成三個袋足，中間出戟，分飾淺浮雕螭龍紋，左右對稱，頸部鏤空，平雕細陰線扭絲旋紋一圈，腹襠飾『儿』紋排列。鬲蓋鈕半圓形體，三個出廓獸角凸於器表直立上翹，並以獸面紋凸顯禮儀器具之莊嚴，整體器形優美，紋飾華麗，近商周青銅古韻。

古代商中期青銅器類型已很豐富，是禮儀用器，並出現了銘文和精細的紋飾。商晚期至西周早期是青銅器最鼎盛時期，渾厚凝重，花紋繁縟華麗，在世界藝術史上佔有獨特地位。

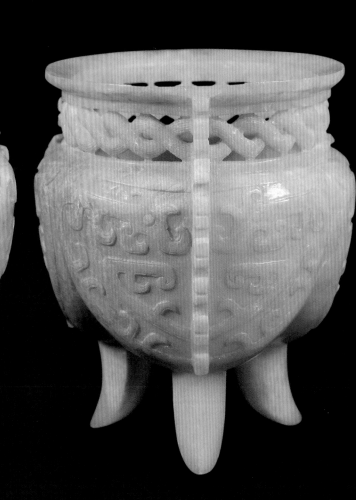

考證一.
1981年陝西城固縣遺址，出土稀珍商晚期四足鬲。

考證二.
1977年山東大辛庄遺址，出土商代陶器錐足鬲。

考證三. 西周 青銅鬲
1974年北京琉璃河遺址，出土西周青銅器「伯矩鬲」，珍藏於首都博物館。

考證三. 西周 青銅鬲圖一　　考證三. 西周 青銅鬲圖二

183

玉鶴蟠龍壺

高 31cm　　長 12.5cm

白玉質，局部淺褐色仍泛溫潤光澤，立體長方形，琢製鶴舞蓮池玉壺為主題，五層分別雕製，組合而成。底座四方立體鏤雕龍、鳳、鹿各四隻，龍鳳直立昂首狀，形色生動，鹿跪伏狀，意態悠閒。四方壺雙耳琢製圓雕獸首，器腹左右出廓，雕對稱蟠龍作爬行狀，蟠龍頭頂各琢一小獸面紋，更顯蟠龍神韻。

壺身四周以兩圈細陰刻線畫分為三區，壺腹淺浮雕大型獸面紋，紋飾華麗，中區淺浮雕龍鳳紋，上層以細陰線刻長弧狀變形雲紋。兩圈細陰刻線中間均琢數十條短陰線斜紋，短陰線紋的方向一由左下往右上，一由左上往右下，設計思維之細膩，令人讚嘆。

最具特色的是壺蓋上琢一鶴，立在蓮瓣花蕊上振翅欲飛，神形逼真，一靜一動，構圖巧妙。壺是盛酒的禮器，此壺造型上摹擬古代青銅器，形體較大，用料多，玉雕層層相融為一體，技藝達爐火純青之境，為元明精品。

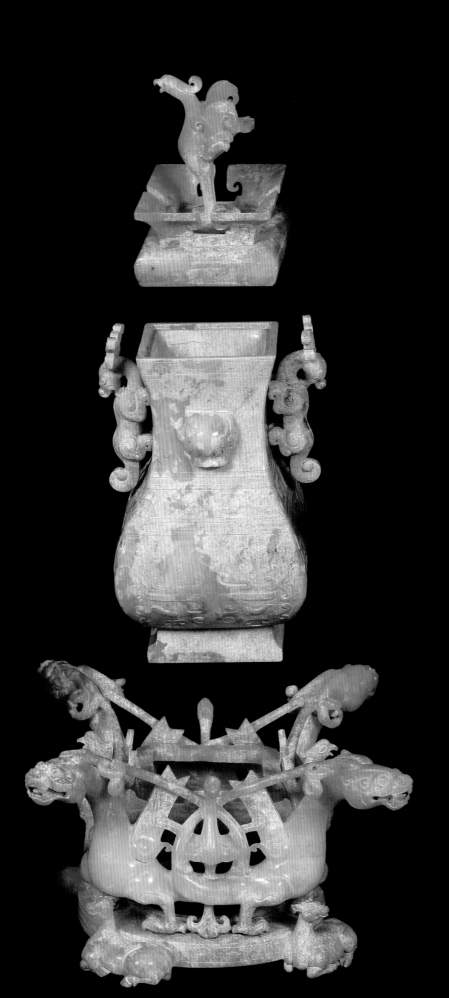

玉獸面紋觚 (一對)

高 30cm　　口徑 14cm

青白玉質黃色沁，喇叭形口，長方立體，侈口，細腰，內掏膛，圈足外撇，外廓出戟，凸出方形扉棱，內腹兩段內凹方圓。器身陰線刻饕餮紋、蕉葉紋，以減地法琢製，凸顯獸面紋之莊嚴。此觚胎體厚重，地子打磨勻稱，整器四平八穩，富古韻。

商早期觚，其口部半封頂，並有一流可飲，器身粗短，圈足，腹部有一『十』字孔，器身有蠶紋、饕餮、蕉葉、雷雲紋，西周後期漸消失，後期以漆木觚替代。

觚、爵、斝為酒器組合，古代鑄造銅器甚多。宋代以瓷觚聞名，鈞窯觚胎體厚重，灰青色釉，釉面開大紋片，因胎釉受熱後，膨脹系數不同產生的效果，口呈紫口鐵足，胎骨鐵黑色，著名葡萄紫尊、官窯觚，最為稀珍。

宋至清多為玉、瓷觚，宋代繪畫上已出現觚為花器使用，明代稱為花觚。『周禮』中，酒正官員負責「掌酒之政令，以式法授酒材」。不同儀式使用不同酒器，體現身份尊卑。『考工記』，「梓人為飲器，勺一升，爵一升，觚三升」。

186

考證一.
1999年山東省微山縣遺址出土青銅
觚。

考證二.
1785年乾隆御製詩『和闐貢美玉，
量質製成觚』，御題款並琢『會心
不遠』、『德充符』篆書陽文印兩
方。

考證三. 清乾隆 雕漆觚

頸部"大清乾隆年製"一行六字篆
書刻款。

敞口、束收頸、小圓鼓腰、仰鐘式
圈足。器外壁刻菱形紋，呈規則圖
案，為五供之一。

考證四. 清 碧玉獸面紋出戟觚
北京故宮博物院藏

考證三. 清乾隆 雕漆觚圖

考證四. 清 碧玉獸面紋出戟觚圖

玉鳳紋觚 (一)

高 28.9cm　　口徑 14.5cm

白玉質，黃褐色沁，中間掏
膛，外撇喇叭形大口，細腰
，外廓兩旁各雕立體鳳鳥紋
，鳳首朝上。腹分三區，以
浮雕饕餮紋、立體階梯乳釘
紋為飾，陰刻線羽翅牛毛紋
蕉葉形補白，正中出戟方格
紋，凸顯鳥紋與獸面的主題
。此器胎體厚重，地子打磨
勻稱，紋飾複雜，雕琢精湛
。此觚通體紋飾分三層，形
制與商周青銅獸面紋觚相似
極為稀有，為唐宋或更早珍
品。

遺址出土觚與爵總是成雙成
對，有圓胴和方胴、出戟和
無戟之分，紋飾有橫線條及
弦紋裝飾。

玉鳳紋觚 (二)

高 18.2cm　　口徑 6.1cm

白玉質，喇叭形口，觚體較短，外廓立體浮雕四隻鳥紋，上層淺浮雕鳳紋，地子乳丁紋，中間似鼓淺浮雕獸面紋，下層飾雲紋。此觚鳳鳥紋形制神韻近漢代。

觚肇始於商，原為飲酒之器，後為專門禮儀之用，器口的大小，已沒有規範，二千八百多年前，西周已出土陶觚禮器。

190

考證一．
故宮博物院珍藏青玉獸面紋觚、雲
龍仙鶴觚形瓶。

陳設擺件

玉鳳 （一對）

唐~宋

高 15.3cm　　長 10cm

白玉質，黃褐色沁，半透
明，通體打磨光亮，呈圓
雕立體形。減地法碾琢鳳
鳥，形體纖細，雙翅扇形
，翎毛開展，透雕陰線條
紋，長尾上捲飛舞狀。三
鳳紋飾華麗，作站立狀，
母子相望，子鳳羽翼收起
，尖喙，昂首，陰刻圓眼
上望。鳳體修長，肢前屈
，雙足站立在橢圓玉座上
。立體圓雕，大小比例相
稱，三鳳鳥水乳交融之狀
，形象生動，神態逼真。
此稀珍鳳鳥陳設品具唐宋
時代特徵，有極高的藝術
價值。

195

玉螭鳳紋鷹熊人架柱編鐘

長 102cm　　寬 51.8cm

青白玉質，褐色沁，三層編鐘。底層鐘架由兩側鏤雕鷹熊撐起，鐘架兩端鏤雕雙鳳展翅，鳳首上揚，鷹熊及鳳均栩栩如生。二、三層橫架均由玉人撐起，玉人身上陰刻鳳紋，服飾優美，神情肅穆專注。中層橫架兩端鏤雕龍首紋，雙龍首平視，上層橫架兩端雕鳳首向下凝視。二十四只玉鐘大小不一，每個玉鐘上均以短線細紋陰刻四條龍及兩個獸面紋，鐘頂玉鈕為連身雙龍首。二十四只編鐘合計淺浮雕九十六條龍紋及四十八個獸面紋，每一編鐘上還鑲嵌二十顆晶瑩圓潤的穀紋補白。

三層鐘架各以一體成形二十四隻隱地突起螭虎區隔，形成鐘架視覺上的立體感。鐘架兩面佈滿一百零八條淺浮雕龍紋，頂層鐘架上鏤雕螭虎九隻，姿態各異。

整組編鐘淺浮雕龍紋二百零四條，龍的身軀飾魚鱗紋，紋飾規整，與戰國早期曾侯乙墓出土四節分雕成型龍鳳紋玉佩所飾魚鱗紋近似。上海博物館館藏一件魏晉南北朝白玉鏤雕龍紋鮮卑頭，龍身亦琢類似魚鱗紋。

鮮卑頭即胡語的帶鉤或帶扣，此器以新疆和闐羊脂白玉，通體鏤雕一條捲曲的蟠龍，器背有銘文「庚午，御府造白玉袞帶鮮卑頭，其年十二月丙辰就，用工七百」。此鮮卑頭長9.5cm，寬6.5cm，即需用工七百，顯見古人治玉難度之高與所費心力之巨。

此編鐘綜合淺浮雕，鏤雕及細陰線刻技法將人物、獸面、龍鳳、穀紋雕琢在編鐘上，整體氣勢磅礴浩大，製作細膩，展現精湛的玉器工藝及文化美學，為稀世珍品。

1978年湖北隨縣城郊出土戰國曾侯乙墓青銅編鐘，三層懸掛。

全世界依原件翻模複製青銅編鐘僅有三套，原件保存湖北省博物館。

1997年，經文建會透過鴻禧美術館購置複製曾侯乙墓編鐘，置於台北國父紀念館，重現二千四百多年前古代打擊樂器的原貌。

玉螭鳳獸面紋人架柱編鐘

長 90.5cm　　寬 52.8cm

白玉質，褐色沁，三層編鐘。兩邊底座各鏤雕四立鳳及淺浮雕四螭虎，撐起鐘架。二、三層橫架均由一對玉人撐起，玉人束腰，雙手平舉，神情肅穆，服飾陰刻螭鳳紋，華麗優美。四玉人旁各鏤雕螭虎一隻，兩隻作回首狀，兩隻作前視狀，產生對稱之美。

中、底層橫架兩端鏤雕龍首，上層橫架兩端鏤雕鳳首，淺浮雕搭配細陰刻線琢製，極富神韻。

編鐘共二十一只，大小不一，每個編鐘正反面均陰刻一個獸面紋並以減地法琢十八顆突起乳丁紋，粒粒溫潤飽滿，鐘頂玉鈕為連身雙鳳首，鳳首雖小但雕琢極精緻。

三層橫架上共琢細陰線紋螭龍一百零二隻，並鏤雕二十一個獸面紋，供掛鐘之用，兩邊直柱四面亦琢三十二隻對稱陰線刻螭龍紋，編鐘頂層鏤雕螭虎七隻，均作回首狀，栩栩如生。

整座編鐘雕工細膩，技藝精湛，視覺上立體感極強，不但壯觀且展現恢宏之美，為稀世珍品。

204

龍鳳紋連座壺

全高 29.7cm　　底座長 21.5cm

雙連壺，瓶式之一，瓶體與瓶座連為一體，為陳設器。

壺直頸撇口，上寬下窄，弧線內收，立體鏤空外緣圈，器腹均為鼓圓，頸部琢製龍獸耳，高圈足，置於立體四方鏤空座上。

雙連壺巧妙運用連通器原理，將兩只相同壺形置於四方底座上，中間立體鏤空，琢製鳳鳥相連兩壺。壺體飾淺浮雕獸面龍紋、螭紋，陰刻線刻劃規整。壺長頸，素面，打磨光亮。壺蓋鏤空螭紋，鈕上各立一只鳳鳥，雙雙相對。兩壺圖案對稱，使平面圓雕富於變化。此連座壺設計精美，紋飾華麗，集鏤空雕、立體雕、雙陰線剔地隱起等技法，琢製風格及工法近漢唐古韻。

史前彩陶實物，就已出土雙連壺，在古代是氏族結盟或禮儀中，首領對飲時的一種酒器。

考證.
1964年大河村遺址出土仰韶文化彩陶，雙連壺，為極具特色的原始藝術珍品。

205

螭龍福壽合巹杯

寬 24cm　　高 27cm

青白玉質，黃褐色沁，泛溫潤光澤，四方立體形，由底座、雙連瓶、雙蓋三瑞獸首鈕三部分組合而成。長方形底座四邊立鳳鳥拱瓶，四周平面淺浮雕，陰刻鳳羽翼長尾紋，座面凹槽兩圓孔，安置合巹杯，意寓吉祥『保四方平安』之意。

合巹杯仿商周青銅器造形，杯體全器淺浮雕獸面龍紋，陰刻線條刀法俐落，並以蒂紋高足刻劃雲紋、弦紋，羽翼牛毛紋、穀紋補白地子。雙瓶左右兩側二耳作立雕獸形，嘴銜啣於口沿，雙足爬附杯壁上，雙連蓋凸起圓柱，浮雕三螭龍盤旋交纏於頂蓋上，兩側杯壁雕展翅雄鷹，呈現『英雄傲立合巹』雙連杯。此杯沁色過渡自然，深入玉理，整體神韻及雕工形制堪稱完美，為漢唐精品。

合巹交杯酒的習俗始於周代，戰國<禮記昏義>「合巹而酳」，魏晉嵇含「伉儷詩」「挹用合巹酳，受以連理盤」，合巹杯亦可稱為連理杯或合巹酳。

考證一. 明 白玉英雄合巹杯 北京故宮博物院珍藏

考證二. 清乾隆 碧玉英雄合巹杯 北京故宮博物院珍藏

考證一. 明 白玉英雄合巹杯圖

考證二. 清 碧玉英雄合巹杯
圖一

考證二. 清 碧玉英雄合巹杯底款
圖二

玉鳳組十二生肖

均高 16.6cm

白玉質，黃色沁，立體浮雕圓柱形，雕琢動物獸首和人身立鳳紋組合。十二生肖身段處理，每尊獸首與頸部下半身結合，獸首以陰刻線紋精雕細鏤，刀法簡潔，惟妙惟肖。

獸臉橢圓前額不凸出，鼻翼圓潤，鼻下開孔中溝，口唇緣一刀刻劃，口角作口渦，耳輪寬大，肖首豐腴，立姿曲線自然，比例均衡寫實。鳳鳥巧色，神態多樣。此生肖紋飾形神俏真，雕琢技藝精湛。

十二生肖又稱屬相，古代與十二地支相配，以人出生的十二種動物，十二地支的形象化表，即子鼠、丑牛、寅虎、卯兔、辰龍、巳蛇、午馬、未羊、申猴、酉雞、戌狗、亥豬。歷史發展逐漸形成相生相剋，為民間信仰，表現在人生倫理、年運等。

民間以生肖計算年齡，循環一次為一輪。十二生肖兩兩相對，六道輪迴，體現了人們對美好生活的祝願，具體呈現了福的文化。

208

十二生肖的起源與動物崇拜有關,考古考證,1975年,湖北云夢睡虎地和甘肅天水放馬灘遺址出土秦簡,先秦時期已有完整生肖系統。最早文獻記載十二生肖是東漢王充的『論衡』。

考證二.

陝西歷史博物館珍藏唐代十二生肖雕塑俑。

考證三. 白玉雕兔首人身組合骨架

十二生肖中的兔首形,身軀部位依人骨架比例製成。

以玉料雕琢一百五十二塊配件,組合成十二生肖,骨骼比例把握準確,構思細膩,充滿神秘色彩,以動物的手部和人體組合。

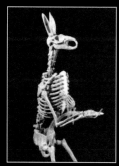

考證三. 白玉雕兔首人身
組合骨架圖

螭龍鳳鳥穀紋玉圭璧 （一對）

高 36cm

白玉質，黃色沁，圭由上、中、下三部組成。底層四方形玉
琮，左右對稱，各立一只立體鳳鳥及穀紋龍鳳紋璜。中層圓
底座獸面紋，劍璏與四方琮凹槽相崁，圭上琢淺浮雕獸面龍
鳳紋及五隻立體鳳鳥拱璧。上層長方形，中間雕圓形穀紋雙
鳳紋璧，紋飾精美。整器設計新穎，融琮璜圭璧於一體，為
擺件珍品。

玉圭是古代帝王諸侯朝聘祭典所用的玉製禮器。

圭為瑞信之物，長條形，上尖下方，也作『珪』。在『六禮
器』中，以青圭祭東方，其形制大小，因爵位及用途不同而
異。『周禮、春官、典瑞』有大圭、鎮圭、桓圭、信圭、躬
圭、穀璧、蒲璧、四圭、裸圭之別。

玉羊座香薰爐 (一對)

元-明

均長 22cm　　均高 45.5cm

白玉質，灰褐色沁，立體長方形，分五層琢製香薰爐。玉質堅實，造型圓渾，皮色高古，爐身寬闊，圓形體厚重。羊座豐而不腴，雙耳高昂，彎角貼耳往後上翹，琢製雙眼凸出如圓鈕，炯炯有神。羊首肥美立雕，眼直視，呈站立狀，嘴部琢一道粗陰線，軀體光素無紋，僅以簡潔有力的線條表現出肌肉的起伏，蹄足亦簡化，四平八穩，腹下有橫直數道切割痕，象徵神性的吉祥動物，羊背上琢製玉壺，安置在羊體兩邊，運用羊腹出廓掛壺，顯示羊羊得意開吉之意，以表達富裕的生活水平。

玉爐設計主體雕琢成圓球狀，分成上下兩個半圓，下半圓鼓腹琢製，密集長條形紋飾，雕刻四只粗短獸紋出廓吞式流，琢附攀繞在半圓形式柄上，外層圓爐凸雕刻繪蓮瓣紋、陰刻斜線紋，四面形體仿古代薰球出戟，可環繞轉動，風貌古樸。上半圓雕琢一只鳳鳥立於正中央，目視前方，身軀孔雀開屏狀，羽翅豎立散開，小口頂圓，四只鳥首出戟，凸顯爐身有小氣孔，使香氣從鳥嘴飄散出來。

玉爐琢製構造運用了圓柱形承柱，連結上、下承座，承座則為寬沿盤形相套，以承軸懸掛於中央，一體成形，琢製巧，匠味少，立體圓環紋飾，意寓國家太平福祥。此爐工藝精湛，集各種雕琢技法與藝術性於一爐，讓人的視覺、嗅覺在心靈意境上達到了最高境界，具有元明時代的風格。

元明清流行爐、瓶、盒組合式香具，是為了方便儲放香箸、香鏟之用。薰香爐又稱香薰爐，製作莊重素雅，意蘊「敬天法祖」。芝加哥藝術博物館，宋影青鳥形香爐，是宋代特殊的造型。

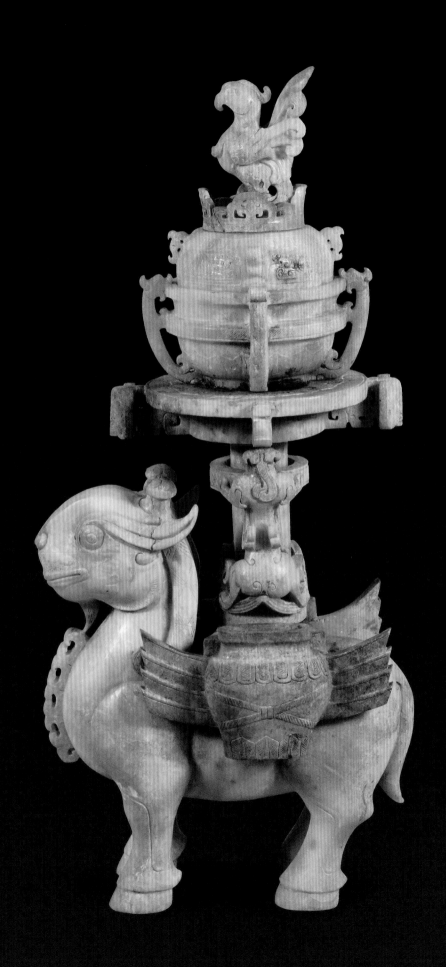

神獸鳳紋香薰

高 42.8cm

白玉質，赭色沁，分五層設計合為一體，底座獸面紋飾。器表飾鳳紋高浮雕十六隻鳳鳥，隻隻神態各異，栩栩如生，不露碾琢痕跡。薰壁淺浮雕鳳紋十二隻，琢工華麗，拋光精細。

香薰文化起源甚早，甲骨文中就有香薰的痕跡。目前發現最早的香薰器皿出現在漢朝，魏晉時期香薰廣為流行，增添了文人精神生活的雅趣。曹丕、曹植都為迷迭香寫過「迷迭賦」，盛唐時期香薰材料更奢華，李白《清平調》「沈香亭北倚欄杆」更見證了盛唐的國力。

此器玉雕技藝利用鏤空、平雕、透雕、圓雕、淺浮雕、高浮雕等三度空間技法，展現漢唐玉器工藝的奇珍創意。

鳳紋塔式香薰

長 43.8cm

白玉質，褐色鐵銹沁，五層香薰，長方座。底座器壁淺浮雕獸面雙鳳紋，四足傾斜捲起狀，足上各飾一隻尖嘴螭龍，雙足間鏤雕鳳鳥，偏頭昂首狀，二、三、四層均琢鏤空雕及圓雕對稱雙鳳，第四層頂端另琢變形獸面紋及一尖嘴螭紋，紋飾精細優美。

整座香薰以圓雕鏤空雕及淺浮雕技法琢鳳紋、螭紋與獸面紋為飾，地子佈滿勾連穀紋，琢工規整。全器設計極盡繁複，出人意表，琢工之精湛更令人驚嘆，古韻十足為漢唐玉雕精品。

216

鳳紋塔式香薰

圖一、高 33.3cm

圖二、高 32cm

白玉質，褐灰色沁，運用浮雕和透雕琢製鳳鳥，構圖花紋注重形體之美。香薰凸顯鳳紋形態之變化，分層設計佈局。立體浮雕九～十一隻鳳鳥，平面鏤空雕琢八～十二隻鳳鳥，獸面紋三足。依寫實鳳鳥舒展飄逸的形體特徵，或變形抽象，或誇張雕製出一隻隻氣韻生動的鳳鳥形象，分層對應平衡，各層雙鳳兩相對稱，鳳鳥曲折生姿，地子雕琢線刻勾捲雲紋，縱橫相連的階梯乳丁紋補白。薰壁各層等距，圓雕自下而上密合為一體，地子磨光一絲不苟，此二組香薰琢工精湛，紋飾華麗，具鑑賞收藏價值。

（圖一）

218

（圖二）

鳳紋塔式香薰

高 38.7cm

白玉質，褐色沁，五層香薰，圓座。底座鏤雕三足獸面紋及對稱雙鳳攀附器壁，地子佈滿勾連穀紋。第二層鏤空圓環上雕站立鳳鳥數隻，隻隻身形優美，邊緣以極細陰線琢對稱紋飾一圈。三、四、五層綜合各種技法飾淺浮雕獸面紋、展翅飛翔鳳紋、鏤雕鳳鳥及鏤空對稱雙鳳。

此香薰雕琢華麗至極，佈局精巧絕美，幾近鬼斧神工之作，令人驚嘆。

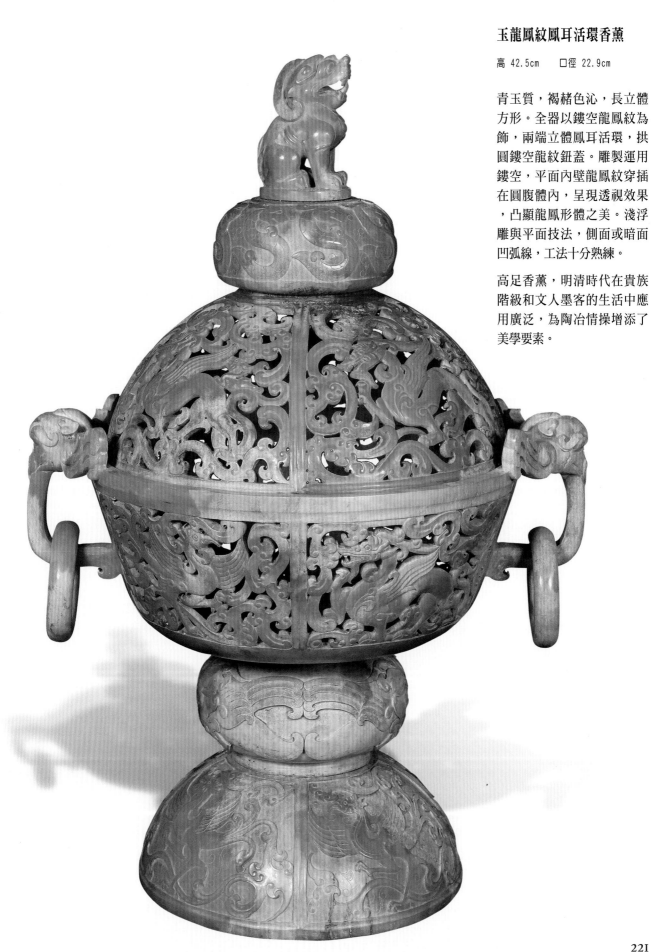

玉龍鳳紋鳳耳活環香薰

高 42.5cm　　口徑 22.9cm

青玉質，褐赭色沁，長立體
方形。全器以鏤空龍鳳紋為
飾，兩端立體鳳耳活環，拱
圓鏤空龍紋鈕蓋。雕製運用
鏤空，平面內壁龍鳳紋穿插
在圓腹體內，呈現透視效果
，凸顯龍鳳形體之美。淺浮
雕與平面技法，側面或暗面
凹弧線，工法十分熟練。

高足香薰，明清時代在貴族
階級和文人墨客的生活中應
用廣泛，為陶冶情操增添了
美學要素。

玉鳳紋瓶

寬 16cm　　高 26cm

白玉質，褐色沁，有
蓋，全器雕琢鳳鳥紋
十六隻及兩個獸面紋
。蓋頂鏤雕雙鳳，回
首相望，蓋面淺浮雕
雙獸面紋，圓眼，眼
下方刻密集短陰線紋
。瓶身攀附對稱四立
鳳，瓶頸及下方各琢
淺浮雕對稱雙鳳，瓶
腹淺浮雕雙鳳作展翅
翱翔狀，鳳尾飄逸，
神態優美。器腹地子
佈滿勾連穀紋，部份
穀紋因受沁深，皮殼
呈深褐色。

此瓶玉質佳，造形華
麗，鏤雕鳳與淺浮雕
鳳搭配，襯托出極佳
的視覺效果，鳳鳥及
穀紋形制有漢代神韻
。

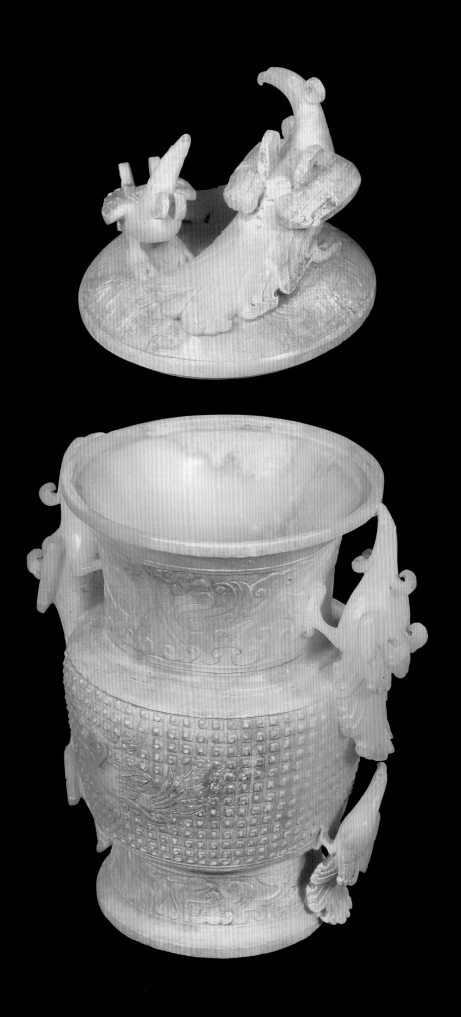

神獸蓋耳瓶

寬 15.8cm　　高 32cm

青白玉質，黃褐色沁，
立體長方形，分為獸形
蓋與獸面瓶帶底座兩部
分。全器構圖以五隻神
獸及一對鳳鳥捧瓶為主
題，代表五福捧壽龍鳳
吉祥。壽瓶佈滿淺浮雕
及鏤雕龍、鳳、獸面紋
為飾，底座鏤空，對稱
神獸，炯炯有神。此瓶
厚重樸實，雕工精巧，
留有明清或以後時代遺
風。

224

玉神獸紋尊盤 (一對)

寬 20cm　　高 24cm

白玉質，黃褐色沁，全器紋飾繁縟，以立體鏤雕工藝裝飾。

尊口緣附飾，口圓形，鏤空雕琢。尊呈喇叭形觚狀，分三區為飾，上層以四隻神獸攀伏在口頸下，各自獨立，中區四隻對稱虺龍紋，下端以彎曲規則的龍形玉梗支撐，雕製嚴謹。

尊盤直口，淺腹，平底下有三對立體鏤雕龍攀伏在盤腹上，左右對稱，凸出盤外緣，凸顯全器的立體感。

全器尊及盤集各種雕琢技術於一體，形制碩大華麗，琢工精湛，珍稀罕見。

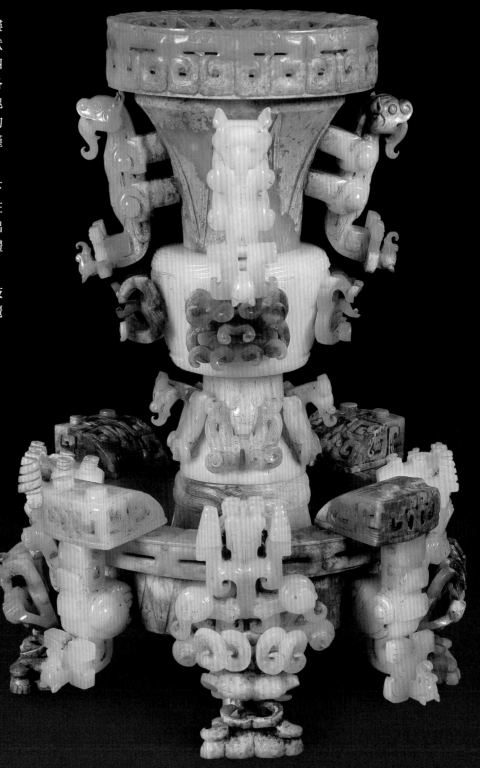

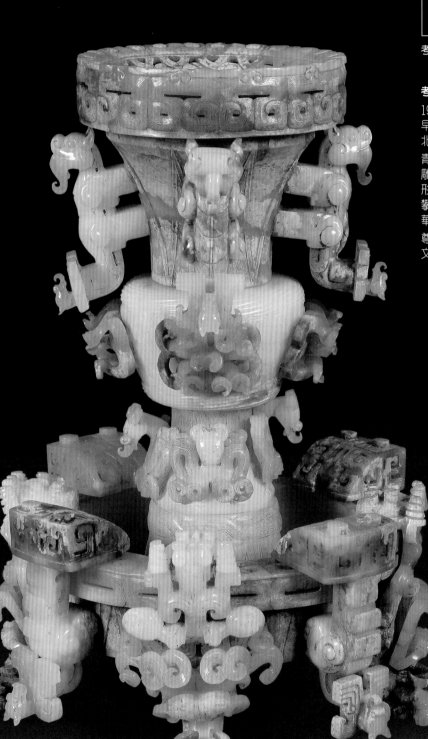

考證. 戰國 曾侯乙蟠蛇紋螭耳尊盤圖

考證. 曾侯乙蟠蛇紋螭耳尊盤

1978年湖北省擂鼓墩遺址，出土戰國早期曾侯乙蟠蛇紋螭耳尊盤，現藏湖北省博物館。

青銅器尊盤採失蠟法鏤空鑄造，口緣雕128對變形虺龍，尊盤裝飾有四獸形足，口緣上四對鏤空虺龍，四隻龍攀附在盤腹上，全器設計複雜，器形華麗壯觀。

尊和盤均鑄有「曾侯乙作持用終」銘文。

螭鳳紋轉心燈

高 38cm　　底座徑寬 10.2cm

白玉質，褐色沁，燈形華麗。底座鏤雕雙鳳出廓，器面淺浮雕獸面紋，圓眼，長角，角上刻短陰線紋。底座上接兩段式燈柱，柱呈長圓形，柱上鏤雕立體雙螭龍，龍口各含一插鞘，插鞘上端接一小圓璧支撐左右兩個鏤空轉心燈，燈罩下有凹槽可靈活轉動。

轉心燈上蓋立連身雙螭龍，龍身呈環形淺浮雕螭紋及穀紋為飾，環中央上緣鏤雕立鳳，環內另設計可三百六十度旋轉小環，小環內圈鏤雕螭龍，環中環設計匠心獨運。

此轉心燈造型新穎，雕工精湛，整體呈現鬼斧神工的視覺美感，世所罕見，為唐宋或更早珍品。

228

玉馬踏飛燕提燭

高 52.5cm　　寬 38.5cm

青玉質，全器設計圖騰分三部份。一、
燕鳥形，二、駿馬踏飛燕，三、獸面龍
鳳紋燭，為陳設擺件。

立體鏤空雕製提燭台，外廓雕飾鳳紋，
並琢製獸面紋圓香薰，鑲嵌插榫入馬背
圓凹槽。底座燕鳥與駿馬，注重線條運
用，以立體凹弧面變化，結合多視點的
取像，與平面立體化結合，並以圓雕技
法，以陰線刻劃燕鳥羽翼毛紋，細如毛
髮的纖細游絲紋，不跳刀，纖細中見力
量。馬體飾多樣圖騰，立體淺浮雕獸面
、鳳鳥，刀痕深刻描繪，馬昂頭張口，
作衝吼狀，凸目炯炯有神，琢刀精準，
一絲不苟。雕刻標準尺度與漢代相馬所
述相似，工藝十分精湛，造型寫實，氣
勢非凡，具有極高的藝術美學與收藏價
值。

此器具有神仙思想，構思絕妙，想像力
豐富，呈現奔馬凌空掠過飛燕的背飛馳
，馬後蹄踩在飛燕上，狀若騰飛，燕鳥
雕琢強調形體之美。在玉器創作上，雕
琢手法烘托了駿馬矯健的英姿神韻，刻
劃的惟妙惟肖，有動感，鬼斧神工的技
藝，堪稱藝術品中的極品。

『馬超龍雀』東漢作品，以玉雕工藝琢
製表現，刻描入畫有動感節奏，運用力
學平衡帶來精神上的力量，具有蓬勃的
生命力，是玉雕工藝創作中的奇葩。

1969年，甘肅省武威市雷台遺址出土，
青銅馬踏飛燕。又名馬超龍雀、銅奔馬
，是東漢青銅器鑄造技術高超的象徵。

1973年，馬踏飛燕在英國、法國展出，
成為轟動世界的文物精品。

1986年，歷史文化名城武威市，以銅馬
為城市標誌。

1999年，紀念銅奔馬出土，在蘭州舉辦
國際研討會。

神獸座鳳紋架懸鼓 (一對)

高 36.2cm　　長 25.3cm

青玉質，黃褐色沁，由神獸、龍鳳、鹿、蛇及瑞鳥組合造型，玉匠運用高超嫻熟的技法，鏤空、浮雕、立體圓雕、浮突紋飾，刀法簡潔有力，凸顯細陰線線條的走向，並將圖騰紋飾分上下左右，相對平衡，圖紋密，琢製講究氣勢，強調玉器細部加工，把握雕刻的嚴謹性與主題的完整性。鼓的細部，刻劃線條十分精細，無論鏤空細微處的琢磨，或玉體地子的磨光，均一絲不苟，底座雙神獸及雙鳳銜環栩栩如生，整體動感流暢，透著神秘之感。「周人懸而擊之，謂之懸鼓」，此神獸座鳳紋架懸鼓的形制和特色有楚國懸鼓藝術的風格，為罕見珍品。

考證一.
1964年江陵拍馬山出土春秋晚期漆鹿鼓、虎座鳳架。

考證二.
1965年江陵望山出土戰國中期虎座鳳架鼓、瑟。

考證三.
1971年鄂城出土戰國中晚期虎座鳳架鼓。

考證四.
1973年江陵藤店出土戰國中期漆鼓。

考證五.
1975年江陵雨台山出土春秋晚期虎座鳳架鼓。

考證六.
1978年湖北天星觀出土虎座鳳架鼓(周人稱懸鼓)。

古代虎座鼓與虎座鳥架鼓的傳說：

據稱黃帝逐鹿中原時，進行的逐鹿之戰中，鼓就是黃帝取勝的法寶之一。黃帝製作的鼓，擊起來「聲聞五百里」以威天下。春秋以後，以鼓、編鐘、石磬為主，金石齊鳴，鐘鼓之樂，最具代表性。

考證懸鼓是戰國時期楚國的重要樂器。兩隻昂首卷尾、四肢屈伏、背向而踞的臥虎為底座，虎背上各立一隻長腿昂首引吭高歌的鳴鳳，背向而立的鳴鳳中間，一面大鼓用紅繩帶懸於鳳冠之上。通體髹黑漆為地，以紅、黃、金、藍等色繪出虎斑紋和鳳的羽毛。全器造型逼真，彩繪絢麗，既是鼓樂，也是藝術佳作。

江陵藤店出土一件大鼓，鼓面是皮質，以竹釘與鼓腔結合，用紅、黃、金色繪成繁縟的圖案。另一件帶柄小鼓，鼓腔一面有竹釘，另一面是木質，有彩繪紋飾。出土中彩繪木鼓，用整木雕成圓形，無皮質，周邊呈菱形狀，上用朱漆繪卷雲紋幾何形圖案，鼓架呈現多種紋飾雕刻。

仙人馭鳳形杯 (一對)

高 18.3cm　長 12.7cm

白玉質，黃褐色沁，立體長方圓柱體琢製。杯形體較大，器壁厚重，底部琢高圈花紋足，杯腹掏膛，上覆蓋。杯蓋設計以仙人捧壽桃，正坐神獸背上。杯壁淺浮雕，運用陰刻曲線紋，琢花卉、鳳鳥羽翼，翎毛細陰線，環繞杯體為裝飾。鳳首桃耳，嘴勾喙，眼圓凸，鳳尾上捲開花。神人昂首，圓眼閉目，雲紋大耳，輪廓細陰線精細刻描，人首鳳身形象生動。器身部分赭褐色沁，沁色自然泛寶光，玉質晶瑩厚實，具有極高藝術鑑賞收藏價值，為唐宋或更早精品。

明、清時期的仙人源於唐、宋、遼、金時用作脊飾的嬪伽。「嬪伽」是佛經中人首鳥身的神鳥。鳳形杯取材佛經故事，琢出具有故事情節的作品。騎鳳仙人又稱仙人騎雞或冥王騎雞，是中國古代建築屋頂檐角端部壓住方眼勾頭的重要構件。仙人傳說故事中，以仙人姜子牙安置於屋脊之上，具有鎮災防護的功能。

仙人走獸也稱為走獸、蹲獸，是瓦質或琉璃質的一種吉獸，分仙人和走獸兩部份，安置在宮殿建築歇山頂上，其數量和宮殿等級相關。故宮太和殿上，仙人走獸是最高級別，安有十隻走獸。走獸最早出現在漢代器物上，元代仙人為武將。清代官方定制，前端是仙人，後是走獸。

235

獸首圓盒玉薰

唐~宋

高 34cm　　底座長 11.7cm

白玉質，黃褐色沁，似圓形
香薰。玉器自上而下分三部
分組成：一、立體雙圓浮雕
獸首香爐；二、直立長方獸
面紋柱；三、覆斗形底座。

器體頂端雕製仰上瑞獸首，
張口，雙眼前視。立體凸出
內圓蓋，以淺浮雕獸紋、雲
紋、雷紋、陰刻細陰線回紋
為地，佈滿圓盒四面。外圓
立體圓雕獸首，豎耳，張口
，眼前視，凸出圓腹器表的
瑞獸等距排列一圈。薰體中
腰及底座以陰刻線條琢細如
毫髮的牛毛紋，凸顯細部裝
飾，底座羽毛狀，平面雙翼
翎毛紋，刻劃深且俐落，地
子磨光細微處一絲不苟，為
唐代西域細陰線裝飾的手法
運用。

此香薰設計新穎，構圖奇特
，傳承古韻，為唐宋或更早
期作品。

236

玉舞人樓閣式香薰

元～明

高 32.4cm　　底座長 13.2cm

青玉質，褐灰色沁，長方體
柱，覆斗形方底座。透雕閣
樓形玉舞人飾，上頂四方獸
鈕蓋，組成香薰式。薰頂蓋
上立一只辟邪獸，與閣樓為
一體。薰形上寬下窄，薰內
外四邊鏤空玉舞人，外廓立
體樓閣似鼎，雕琢鳳鳥四隻
。長方形薰體，四面平雕，
鏤空翹袖折腰玉舞人與淺浮
雕穀紋。底座四獸形拱爐，
地子雕琢饕餮獸面紋、穀紋
，四邊角由四獸形安座香爐
，形象逼真。

古代較早的香薰均為陶瓷燒
製，宋代出現瓷製博山爐，
後有玉香爐，漢代流行博山
爐式香薰。宋元書齋更有焚
香的悠雅情致，生活講究琴
棋書畫，香薰成為藝術品。
此薰留有元明遺風，具陳設
欣賞價值。

伎樂舞人玉屋

高 35.4cm　　長 21.7cm

白玉質，立體方形，四面坡屋頂，柱頂一圓雕立鳥。屋內六人作樂歌舞之勢，兩人跪坐吹奏玉笛，三人跪坐後方，雙手扶膝，身略前傾狀。運用圓雕，聚焦唱和神態，前列三人不論正視和側視均形象生動。中間玉舞人，舞衣飛揚長袖過頂，舞人似在旋轉，圓雕技藝刻劃出寫實舞姿，玉匠雕琢呈現了漢代翹袖舞人藝術的高峰。

漢代宮廷流行「翹袖折腰」，玉舞人是最生動的寫照。文獻記載漢代典型的舞姿，袖舞的表演要旨是揮舞長袖的同時，還要擺動婀娜的細腰，亦是修袖繚繞的長袖舞。有單舞人也有雙舞人，呈現輕盈柔曼，飾佩繫於腰際。漢代其他文物也有同樣以袖舞為題材的豐富遺存，如漢畫、陶俑、漆樽、銅鏡、絲織品、彩繪及壁畫中，也常有舞人甩長袖，翩翩起舞的畫面。

漢代樂舞融合中原與西域文化特色，西域的舞樂「胡旋舞」、「胡騰舞」在中原廣為流行，漢武帝將古樂與胡樂融合並設立了樂府，各種百戲、雜技、技藝蔚為風氣。漢代的陶俑，最高表現在歌舞俑、女舞俑上，扭動腰際，清歌漫舞，活躍了漢代的樂舞文化。

琴撥

漢

琴撥長 8.2cm

241

玉刻銘琥

長 20.8cm　　高 9.2cm

青玉質，黃色沁，立體圓雕直立虎，因受地層擠壓，數道綹裂紋由虎首延伸至背，裂痕自然清晰。背呈弧形，刻凸起銘文，雙目直視，張口露齒，豎耳，尾長下垂，尾尖上卷。虎身軀矯健，肌理豐碩，地子打磨勻稱，全器取古法。

『周禮、春官大宗伯』記載：「以玉作六器，以禮天地四方，以蒼璧禮天，以黃琮禮地，以青圭禮東方，以赤璋禮南方，以白虎禮西方，以玄璜禮北方」，璜與琥在商代主要作佩飾用。

據文獻記載，琥是以白虎身份用以禮西方，以虎符作為執掌發兵之信符。禮儀上使用的玉器，是戰國到漢代的禮學家理想化的禮器，琥是禮儀的瑞玉。

古人以玉的顏色和形制配合陰陽五行之說，用蒼璧、黃琮、青圭、赤璋、白琥、玄璜六器，來祭祀各方之神。古人主張天圓地方之說，皆有牲幣，各放其器之色，而產生禮儀祭天地四方的禮器。

考證.

1976年殷商遺址出土商代武丁時期圓雕玉琥和浮雕玉琥各四件，都有孔，稱為琥形玉佩。

玉仙人騎辟邪獸

高 6.4cm　寬 14 cm

青白玉質，褐色沁，神人騎在瑞獸背作奔馳狀，雙肩羽翼飛揚，瑞獸面猙獰威武，寓意神人馭獸，極具寫實性，具漢代風格。

漢應劭「風俗通・祀典」：「虎者陽物，百獸之長也。能執搏挫銳噬食鬼魅」。兩漢時期玉器以獸紋虎紋作為輔助紋樣的形式，寫實兼具道教故事。丹景雲袍帶虎符，五方異錦，修成六銖，巖前騎虎，遣怪飛符，神人無形與道同體。傳說中道教張天師「騎獸出征，制服天下惡魔」，祥獸紋有瑞獸形象，避邪保平安。獸、虎與人類社會有著非常悠久的歷史淵源關係。

考證.

1966年陝西漢元帝渭陵出土罕見漢代圓雕玉仙人騎飛馬遨遊天際，這是西漢羽化神仙思想影響當時玉雕文化的例證。

玉辟邪 (一對)

長 16.5cm　　寬 6.8cm

青白玉質，全器拋光溫潤，短腿，有翼，雙角，束鬚。

此對辟邪以浮雕與細陰線剛柔相濟的技法雕琢，並琢出生動的浮雕雙翼，辟邪呈飛奔狀，充份體現漢代神仙思想。

漢代辟邪獸不論爬行、奔飛或立姿形象，頸背均有鬃毛，兩側羽翼游絲紋，四肢粗壯有力，分岔捲曲雙尾，均為漢代辟邪獸的主要特徵。戰國至漢代圓雕動物極富神韻，藝術創作空前繁榮。造型寫實、誇張與抽象並用，形神兼備，為歷代所不及。辟邪獸傑出的造型藝術，表現出漢代玉雕的成熟技藝。

漢代的辟邪多為帶翼的四足獸，其造型可能傳自西亞，古代帝王陵前有大型石刻辟邪守護，並作為極高貴的陳設器。辟邪與天祿並用，一角的叫天祿，兩角的叫辟邪，小型之器為佩飾，隨身辟壓。西漢後期，使用細密短陰刻綫雕琢動物的肘部，線條剛勁有力，彌補了平面雕圖案立體感不足的弱點，一直沿用至東漢與南北朝的圓雕。

244

玉雕鳳鳥紋觥 （一對）

高 12.3cm　長 16.5cm

白玉質，局部褐色沁，全器溫潤通透，器身橢圓形，四足，帶蓋。蓋為獸首連接獸背，背上鳳形鈕，器身為獸腹，獸頸為流，用於倒酒。

觥身兩側器表以淺浮雕技法各琢一隻夔鳳紋，頸部下方琢一獸面紋，勾連穀紋為地子佈滿周身。觥身一側另鏤雕兩隻鳳鳥攀附其上，觥尾鏤雕一鳳鳥為鋬。觥四足近大腿處各琢一隻團紋立鳳，身形優美。

此鳳紋觥造型華麗琢工細膩，紋飾繁縟，獸角深褐色沁深入玉理，泛溫潤光澤，全器形制與美國弗利爾美術館珍藏商晚期青銅鳥獸形觥近似，富漢唐神韻。明代及清乾隆時期亦有此形制玉觥，但無論器形或神韻，均與此鳳紋觥截然不同。

考證一. 清乾隆 碧玉獸面紋觥 北京故宮博物院藏

考證二. 宋 縠紋螭紋玉觥 天津博物館藏

考證一. 清 碧玉獸面紋觥圖　　　考證二. 宋 縠紋螭紋玉觥圖

247

犧尊 (一對)

長 16.5cm　　高 12cm

青白玉質，深褐色沁，背部
有蓋，獸形犧尊，富古蘊。

尊盛行於商代及西周時期，
為青銅盛酒器，特殊形制犧
尊，都是以動物的造型製成
尊或犧尊。周禮六尊：犧尊
、象尊、箸尊、壺尊、太尊
、山尊。周禮春官司尊彝記
載「其再獻用兩象尊」，為
上古祭天祀地的重要器皿，
禮儀之一。

考證．青銅酒尊圖

考證．青銅酒尊

「莫使金樽空對月」、「金樽美酒斗十千」名句，在歷史長河中，不知有多少文人墨客，以酒解憂，以酒入詩。殷商時代的青銅酒器，形制豐富多樣，造型獨具匠心，製作出各種不同用途的酒器。古人想像力豐富，酒文化與青銅文化融合，為歷史留下深厚的積澱。

玉佛像紋浮屠

唐宋

高 42cm　徑 12cm

白玉質，黃色沁，立體長方圓雕，
分五層雕刻玉佛像，塔形，底座雕
刻塔柱式龕楣，單層深刻弦弧線條
，小方格波浪花紋作門柱帷幔裝飾
物。兩層圓雕頂光、身光立體浮雕
趺坐佛，上層主尊佛像坐於蓮座，
下層圓雕立體坐佛圍繞，凸出於壁
面。上下層浮雕善跏坐佛形象，法
相莊嚴，玉壁平面運用橢圓形貝葉
身光及火焰紋、宗教花紋的圖像外
緣，有粗弦紋邊框，將框內地子內
凹琢製，在內凹的地子上，用浮突
及陰線描繪的手法，琢出分明的人
物、花紋的圖案，具有很強的立體
感效果，更凸出玉器佛像佛光的圓
形流動感與火燄的動感，使線條橫
與豎、靜與動，形成了圓融和諧的
作用。玉佛佛光中出現化佛像，所
謂『一切妙相，皆悉映現』。

玉佛溫潤，琢工細膩，富美感。每
尊坐佛『光顯耀十方』，佛眼作杏
仁眼包，上下緣微曲線以細刀刻劃
，眼睛若閉非閉，若睜非睜，琢製
刻劃出俯視眾生的『親切謙遜』之
感。

希臘古典美學名言：「美是和諧與
比例」。平面圖形中最美的是圓形
，佛像的形與神韻，運用了項光、
身光的轉化，通過了線條的鉈製，
收筆細尖，呈現唐宋淺浮雕形美工
精的特徵。

玉佛雕刻寫實，融合各種工藝技法
，大小比例透視主次主題，又以多
視點、散點、仰視、消蝕，三度空
間處理視覺效果，形神兼備，以婉
轉、圓潤、細緻入微，一絲不苟的
結構思維，層層鑲嵌神態莊嚴，兼
具柔軟秀麗之神韻，凸顯唐宋玉器
精湛的雕琢藝術。

玉佛塔

唐

高 42.7cm 　 長 17cm

仰覆蓮座－釋迦佛，體現佛藏世界「一花一世界，一葉一菩提」。

玉佛造像傳世稀少，此佛塔雕刻爐火純青，流露古典遺風，品相保存完好，極其珍貴，是集宗教、歷史、藝術與工藝的藝術品，體現深厚的宗教價值、歷史價值和藝術價值。

玉佛緣浮屠五層設計，立體柱四面向構圖，成一幅畫中的佛緣。全器玉質包漿，色澤自然，乾淨圓潤，品相完好。浮屠也就是塔，佛塔主題明確，呈現玉佛與飛天成仙思想。唐代藝術融合了西域外來文化，佛教玉器主要表現在玉佛與玉飛天，此五層玉浮屠擺件非常罕見。

此玉塔底層立體鏤雕，刻劃以玉佛為中心，左右為立佛觀音、飛天、勢至諸菩薩。玉柱面分別以仰視、俯視角度，刻劃出每層玉寶閣及飛天飄舞散花等景象，呈現玉塔莊嚴的氣氛。在五層玉柱體中，以刻劃仰覆蓮座為界，疊層相連。玉塔分佈主次分明，有條不紊，玉色平淡又和諧，表現出唐宋玉雕大師精湛雕刻，構圖依照經典石雕造像創作，將諸佛菩薩雕刻於玉佛塔，留下非物質文化遺產，極其珍貴。

底層主佛像面部溫和穩重，五官線條飽滿有力，嘴角微上揚，軀體渾厚，右手作無畏印，左手作與願印，著漢式的雙領垂肩式大衣，衣擺垂落至台前，兩側玉佛像，飛天、四尊佛護主佛。兩尊飛天衣帶飛揚，成仙思想與佛教相結合，在傳世玉器中，可媲美石雕飛天形體之美。

第二層佛座壁，在多瓣覆蓮淺浮雕中出現，表示曼荼羅法雨滋潤的含義。柱面上刻神獸及站立飛天衣帶飄揚，主佛溫潤泛光澤，眼作杏仁眼包，刻出雙眼皮，下視作「三觀」，眼觀鼻，鼻觀心狀，視眾生「親切」法相，宗教意涵圓融無碍、圓滿無盡。

第三層玉佛座，於蓮花瓣上有一坐佛。每尊佛莊嚴，貝葉身光與雙層圓形火焰作項光。佛光中出現化佛像，所謂「一切妙相皆悉映現」，技法簡練，精彩絕倫。

第四層圓柱玉雕飛天，動感極強，運用細陰線刻和淺浮雕技藝，刻劃飛天伎樂，樂佛手持琵琶、笛、法螺、排簫、箜篌，伎樂有的在天宮，有的在淨土，變「說法圖」，場面起舞奏樂，呈現人與自然融合旋律美感，表現樂舞傳神之趣。

頂層雕刻立體仰覆蓮及三尊立佛，立佛依北齊時代造像的衣紋，下擺呈八字紋飾斷面橫紋重疊，玉佛微笑，整體呈古典之美。

器

皿

（正面）

玉雙鳳耳杯

長 10.9cm　　高 3.3cm　　口徑 6.2cm

白玉質，黃褐赭色沁，一整塊白玉料雕製。器腹紋飾以斜線弦紋分三層，上下素面，
中間以獸面立體浮雕為飾，兩旁琢製淺浮雕鳳鳥雙柄。鳥紋陰刻眼、嘴，勾喙，翹羽
，鳳紋氣韻飛揚，形象逼真，地子打磨平整。雕琢嚴謹，一絲不苟，雖經歲月風化，
仍顯溫潤光澤，為漢唐玉杯典型風格。

（反面）

考證一．
故宮博物院宋代舊藏蟠龍形宮杯，龍首形，一側附
龍首柄，另一側飾蟠螭，壁內刻有御製詩文。

考證二． **明 白玉螭龍雙耳杯**

考證二． 明 白玉螭龍雙耳杯圖

玉雙環耳獸足杯

元~明

長 16.9cm　　高 15.2cm

青玉質，灰色沁，立體長方圓形，胎質厚，帶鈕蓋，三足獸
面紋，器腹口緣陰刻三角斜線幾何紋，腹面地子無紋。左右
圈紋雙柄，杯體打磨細膩，經歲月沁潤，色澤發出瑩光，琢
工簡約，佈局和諧，與漢代玉杯有異曲同工之美，為元明精
品。

宋代以前玉器皿發展緩慢，數量不大，到了明代才大量製作
。

明代常有花形杯、雙耳杯、竹節形杯、英雄合杯，此類玉杯
高藝術水平及精湛工藝紋飾，皆具有鑑賞收藏價值。

明代玉器皿形式多樣，具實用性和觀賞陳列擺飾。玉杯、爵
、壺是明代最具特色的玉器造型。

故宮博物院珍藏宋玉單柄杯，器身作圓筒狀，口沿、足、腰
部，淺浮雕弦紋，有玉頂木蓋。

玉螭紋環把卮

元~明

高 9.8cm　　口徑 6.2cm

青玉質，立體圓雕，黃褐灰色沁，蒂紋圓拱蓋，器壁厚，外腹琢刻浮雕螭紋，螭前爪與口均攀於口緣，螭首彎曲單柄，構思巧妙。此種摹古動物形杯，明代最經典，紋飾運用高浮雕與平面線紋琢刻相結合，明顯受漢代紋飾凹凸視點技法的影響，有異曲同工之美。

地子拋光精細，螭紋婉轉生動，展現粗獷之美，為元明珍品。

玉鳳紋單把卮

高 14.8cm　　口徑 7.7cm

白玉質，褐色沁，圓筒形有蓋卮。蓋頂鏤雕六隻鳳鳥，地子佈滿工整細密勾連穀紋。卮體亦雕琢六隻立體鳳鳥攀爬於卮壁上，隻隻身形各異，另有一隻回首S形鳳鳥出廓作卮把，鳳把流暢優美，構思極富創意。

卮體上方沿杯緣陰刻線紋一圈，圈內淺浮雕長弧形鳳鳥紋及細密網格紋。卮壁上佈滿勾連穀紋作地子。

卮為古代盛酒器，流行於戰國和兩漢時期，安徽巢湖漢墓出土西漢朱雀銜環玉卮，卮的一側高浮雕一隻展翅欲飛的朱雀，雀首高出卮口，口銜扭繩紋活環，雙目微凸，兩耳上翹，雙腳立於高浮雕螭虎背上。此鳳紋單把卮與出土朱雀銜環玉卮不僅形制相近，且均於玉卮器表鏤雕鳳鳥，類此形制出土少見，近漢代神韻，為稀有珍品。

北京首都博物館館藏一件康熙年間北京小西天黑舍里氏墓出土，明代子剛款青白玉夔鳳紋卮，卮蓋面以陰刻線琢三組商周青銅器風格的牛首獸面紋，蓋緣圓雕三隻臥獸，卮壁淺浮雕夔鳳紋及勾連雲紋，此玉卮形制雖仿漢代，但臥獸身形神韻與漢代截然不同，夔鳳紋首、鳳眼及鳳身的紋飾也與漢代風格有異。蓋面牛首獸面紋雙陰線雲紋鼻與雙圈圓眼較柔順，無商周獰厲之感。

玉螭鳳紋單把卮 (一)

高 21.5cm　　寬 13.5cm

白玉質，黃色沁，圓筒形有蓋卮，立體螭龍，龍首單柄，鳳鳥鈕蓋。鳳鳥立於蒂紋圓蓋上，作回眸狀。玉杯兩側，鏤雕立體螭龍於杯腹上。地子打磨細緻，三足平衡杯底，佈局嚴謹運用自然寫實的手法，傳承漢代紋飾與工法，集圓雕、平雕、透雕和高浮雕技藝，以精湛技術展現鳳鳥形體之美與龍首的氣勢神韻。

考證.
1987年湖北包山遺址出土，鳳鳥形雙連漆杯，杯兩側刻有鳳鳥的雙翼，用紅、黃、金三色漆繪圓圈紋。

玉螭鳳紋單把卮 (二)

高 21.5cm　　寬 13.5cm

白玉質，褐色沁，圓筒形有蓋卮。蓋頂蒂
紋上立一鏤雕鳳鳥，玉質溫潤，神態優美
。蓋面上淺浮雕三鳳紋，鳳首圓眼尖喙，
鳳身以長弧陰刻線紋呈現。卮體鏤雕螭龍
四隻攀爬於器壁上，突出器表，其中一螭
作龍把成彎曲狀，另一螭背貼器壁有雙翼
，作展翅狀，翼尾琢刻多道細陰線紋。

卮體地子亦淺浮雕三鳳紋，鳳身以長弧形
或轉折弧形示意，並以勾連雲紋作錦地環
繞狀。

此玉卮融合圓雕、淺浮雕、鏤空雕技藝，
藉平面陰刻與立體雕琢相互輝映，展現鳳
鳥神韻及螭龍氣勢，具豐富的文化內涵，
為漢至魏晉風格。

考證一.
1936年長沙嵩山鎮，出土戰國漆卮。

考證二.
1952年長沙顏家嶺35，出土戰國狩獵紋漆卮。（
古代狩獵情景）

考證三.
1980年長沙五里牌郵M3，出土戰國中期漆卮。

考證四.
1975~1976年江陵雨台山471號楚墓，出土春秋
晚期漆卮，厚木胎，子口承蓋，卮身雕十二條蟠
蛇。

考證五.
1978年江陵天星觀1號，出土戰國中期漆卮。

考證六.
1985~1988年桃源三元村1號，出土戰國晚期漆
卮。

考證七.
1975~1976年江陵雨台山554號，出土銅獸形足
鋪首黑漆卮。

考證八.
1978年湖南長沙馬王堆1號漢墓，出土漆卮。

玉龍紋環把高足杯

高 14.2cm　　口徑 6.6cm

黃玉質，褐色沁，直口，深腹，掏膛勻稱，打磨
修整圓滑，高圈足陰刻直線條。一側雕琢立體龍
首柄，另一側龍紋攀爬腹緣，腹面淺浮雕螭龍紋
，龍首、眼、耳、爪呈現凹弧面的變化，成為平
面立體化的動物。此玉杯構圖設計與東漢玉杯相
似，為元明後精品。

宋代酒具上的杯，杯中雕刻一只昂首向上的龍，
酒具上繪有八條龍，故稱九龍杯，也是著名的九
龍公道杯。

考證.

1983年廣州市象崗遺址出土，西漢銅承露盤玉高足杯
。

螭紋高足杯

寬 10cm　　高 13.6cm

青玉質，立體長方形，圓錐體，高足，鏤雕雙螭
柄，腹身掏膛勻稱，以獸紋為飾，意必吉祥，獸
與壽同音，寓意長壽。青玉潔淨通透，質地堅硬
，地子打磨細膩，光澤溫潤，富古韻。

漢代對玉崇敬，玉雕高足杯在傳世品中非常稀珍
，玉器在漢代代表權力、地位與財富。每一朝代
的高足杯，都各有特徵，與漢代也有異曲同工之
美。

考證一.

1958年河南洛陽遺址出土，和闐高足玉杯。

考證二.

1976年陝西阿房宮遺址出土，雲紋高足玉杯。

考證三.

1984年江西南昌出土，青瓷高足轉杯。

考證四.

故宮博物院珍藏，西漢單柄高足杯、玉荷葉杯。

穀紋鳳鳥高足杯

漢

高 16.3cm　　口徑 5.8cm

白玉質，圓筒高足杯形，玉質細膩堅硬，屬酒具，實用兼陳設器。深腹高圈足，平口，杯身口大底小，至底部呈弧形內收，圓頸，圓足下端呈喇叭形，口沿和腹部鏤雕立體雙鳳，杯壁琢勾連穀紋及淺浮雕鳳紋，顯得雍容華貴，玲瓏剔透，地子琢工精緻，杯體規整，拋磨光潔。

此鳳鳥杯傳承漢代高足圓筒造形，選用最好的崑崙和闐玉材，掏空杯腹，掏薄杯壁，高浮雕鳳鳥與杯一體成型，在二千多年前完成此作品，技術難度極高，為稀世珍品。

考證一.
1990年浙江杭州石塘壩出土水晶杯，素面無紋飾，與現代玻璃杯外形一樣，為出土證物。

考證二.
1976年西安市阿房宮遺址出土秦代玉杯，青玉質，晶瑩潤澤，拋光精細，造型大器而不失秀雅，杯上所飾勾連雲紋、蒂紋、花瓣紋均具時代特徵，為宮廷珍品。

玉龍形角杯

明

高 23.5cm

白玉質，黃色沁，犀牛角形
。口橢圓，腹中空，器表高
浮雕螭紋兩隻，另有一隻大
型立體雕夔龍盤繞杯體。全
器集淺浮雕、高浮雕、線刻
透雕及立體雕工法，再以單
線弦紋補白，打磨細緻，凸
顯螭龍矯健身形。全器巧妙
佈局，散發溫潤光澤，具明
代遺風。

角杯有兩種用途，一是罰酒
的酒杯，不能立放桌面，需
一飲而盡；二是把玩的器物
。

玉獸形螭紋角杯

長 11cm　　寬 4.8cm　　高 14.5cm

白玉質，黃褐色沁，犀牛角形
。杯底繩索式尾蜿蜒曲折，腹
掏空，口緣橢圓形，螭龍攀爬
於上。腹部淺浮雕勾連雲穀紋
，並琢凹形二弦紋，腹下有獸
面紋，形莊嚴，浮雕雙眼直視
，四排穀紋補白，全器勻稱，
腹上雕一立體螭龍，揚首欲飛
之勢，造型生動。角形杯玉質
溫潤，地子細緻，器身佈局巧
妙，凸顯宋元玉器風格。

考證.

1970年陝西何家村遺址，窖藏出
土唐代獸首瑪瑙杯。

268

玉鳳紋爵杯

長 11cm　　寬 4.8cm　　高 14.5cm

青白玉質，黃褐色沁，長柱
體，口呈橢圓形有流，以鳳
鳥曲身為形。內體掏膛，外
部雕琢兩隻立體鳳鳥，爵身
佈滿立體淺浮雕穀紋為飾，
與爵形相似，但口沿無柱體
，是從爵演化而來。

『禮記、禮器』：「宋廟之
祭，尊者舉觶、卑者舉角」
。

「周禮・考工記・梓人」：
「爵一升、觚二升。」

考證. 爵杯

考證. 爵杯圖一

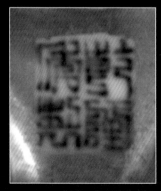

考證. 爵杯底款圖二

269

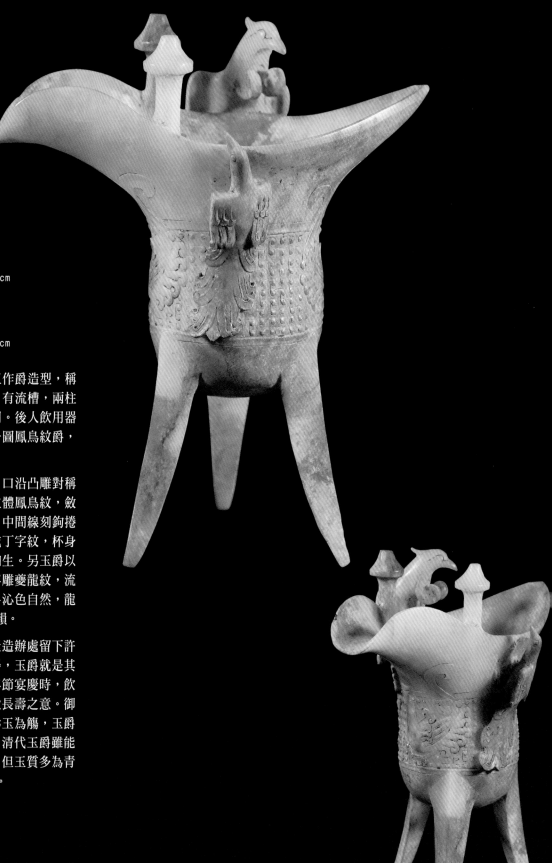

玉鳳紋爵 (一)

高 18.2cm　　長 15.2cm

夔龍紋玉爵 (二)

高 18.2cm　　長 15.2cm

白玉質，黃色沁，玉作爵造型，稱『玉爵』，形似雀，有流槽，兩柱及三足，流行於商周。後人飲用器具『杯』即是爵。一圖鳳鳥紋爵，二圖夔龍紋爵。

鳳紋爵三足立杯式，口沿凸雕對稱兩立柱，兩側鏤雕立體鳳鳥紋，斂中腹，三足皆外撇，中間線刻鉤捲雲穀紋，縱橫相連成丁字紋，杯身凸面鳳鳥紋，栩栩如生。另玉爵以夔龍為柄，爵腹淺浮雕夔龍紋，流槽飾回字紋。此二爵沁色自然，龍鳳穀紋形制近漢代神韻。

乾隆皇帝崇古，內廷造辦處留下許多摹古商周青銅禮器，玉爵就是其中之一，是清宮在年節宴慶時，飲用屠蘇之酒杯，象徵長壽之意。御題詩中有『屠蘇延壽玉為觴，玉爵屠蘇百禮洽』詩句。清代玉爵雖能摹古形制再現古風，但玉質多為青玉或碧玉，且無沁色。

考證.
1956年明神宗萬曆帝定陵出土金托玉爵，和闐玉質，商周形制，但爵把爬龍屈身弓背，與漢螭龍神韻明顯不同。

270

(一)

(二)

鳳耳羽觴 （四件組）

均高 2.3cm　　均寬 7.8cm

青白玉質，杯體微黃，包漿自然。外形橢圓，淺腹，厚平底，兩側有鏤空半月形雙耳，餅形高足，器緣內側及雙耳邊緣雕琢一圈弦紋，杯壁素面，受沁部位各異，仍有拋光痕跡，泛溫潤光澤。耳杯掏膛技術極高，器形精美。

羽觴，古人設計符合人體工學，杯淺不易碎，為美學藝術。

羽觴材質多種，除玉外，銅羽觴是加溫器，用來熱酒，戰國時已有製作。流觴曲水在晉王羲之「蘭亭集序」：「此地有崇山峻嶺，茂林修竹，又有清流急湍，映帶左右，引以為流觴曲水」。「流觴曲水」盛酒之羽觴應為漆器（漆羽觴），因其體輕，能浮於水上，且其上有漆不滲酒。

感懷古人暢敘幽情，執杯對飲的閑情逸致，沿曲水旁而坐，將羽觴置於上游，杯隨水流，流到誰面前，誰就取杯飲酒賦詩。逸詩有云：「羽觴隨波泛」應是「曲水流觴」，一觴一詠，溪曲傳杯流飲是古代文人雅集。

玉螭紋鳳首活環羽觴

高 4.6cm　　長 17cm

白玉質，因受含金屬礦物質沁染，呈褐青色澤。橢圓形，侈口，淺腹，兩端琢浮雕螭鳳紋活環，器腹螭紋，均神形生動。腹面琢淺浮雕螭紋，底部平圈形足。此觴玉質泛潤澤寶光，通體沁染，包漿自然，為盛酒器具。

漢玉耳杯較少，大都是漆器耳杯，製作精美華麗，杯體輕盈具美感。

羽觴出現在戰國時期，一直延續到魏晉南北朝，俗稱為「耳杯」。其材質有漆、銅、金、銀、玉、陶等，是實用器物，為古代盛酒具。

虯龍穀紋玉杓

春秋晚期~戰國早期

白玉杓和闐玉料，整塊切割雕製成八件大小不一玉杓，為舀酒器具。

玉杓是玉文化生活器皿中非常珍貴的實物，也是考古研究的重要歷史文物。

白玉質，褐灰色沁勻稱，每一件虯龍穀紋玉勺雖經長遠年代仍泛溫潤光澤。勺形橢圓，長短不一，最長杓浮雕穀紋首環，寬6.7cm，長25cm，長柄寬0.5cm。器表上佈滿浮雕雲紋、穀紋、S紋、變形虯龍紋，精細碾琢，工法排列縝密。杓柄直細長，十分優美，造型獨特，杓池凹掏，最寬4cm，厚僅0.3cm，弧度精確，厚薄均勻，拋光精細，杓面顯微觀察，似留有細磨痕跡。整只玉杓的杓池琢磨細膩雅緻，足見二千多年前春秋晚期已能琢製如此高品味且具審美意涵的器皿供王室貴族使用，此玉杓線條流暢，琢製精美，極為珍貴，具有歷史、藝術、考古收藏價值。

玉杓長度：（1）22.3cm、（2）17.2cm、（3）13.5cm、（4）12cm、（5）10cm、（6）14cm、（7）19cm、（8）25cm。杓柄寬0.5～0.3cm。杓池3～1.8cm。玉厚僅0.25cm。最小的玉杓長10cm、杓池1.8cm、柄寬0.3cm。

西漢至東漢玉器具，具有實用性又可觀賞陳設。出土器具有高足杯、勺、盒、卮、枕、杖首、印等，具有歷史與藝術價值。

(1) 22.3cm

(2) 17.2cm

(3) 13.5cm

(4) 12cm

(5) 10cm

(6) 14cm

(7) 19cm

(8) 25cm

考證一.

1987年安徽省凌家灘遺址出土玉杓，
青白玉質，長柄舌形。

考證二.

杓類有多種材質，河南省偃師市出土
唐代銀器製作的鸂鶒杓，腹呈八瓣狀
，長柄微曲，柄首似鳥頭形，柄身鏨
小纏枝花紋。

考證三.

美國華盛頓弗利爾美術館珍藏兩件銀
器杓，與鸂鶒杓形體相似。

考證四. 西漢 螭紋杓

西漢(公元前206年~公元8年)白玉質，
褐黃色沁，玉質溫潤，雖受沁依然光
澤宜人，長條型，掏膛均勻，地子打
磨光滑細潤，柄端立體浮雕螭龍，凸
出於器表上，利用凹弧面的變化，營
造出螭龍扭身擺尾的生動效果。

考證四. 西漢 螭紋杓圖

275

玉喇叭形器

新時器時代末期~商

最高 4.5cm　　最短2.2cm

最大口徑 4.1cm　　最小口徑 2.1cm

青玉質，黃灰色沁，有璺，立體圓雕，琢製十一只大小不一喇叭。口圓柱束腰，器形上圓口大，下圓口小，中間用管穿孔，構圖外輪廓呈圓弧狀，放大比例三十五度斜面，成喇叭形狀。磨製精準光滑溫潤，中間圓鑽孔不偏不斜，精準度極高，單方向打孔洞，器內掏膛取蕊，實物顯微觀察留有鉈磨擦痕，打孔時鑽磨，留下不完整的凹痕，鑽磨的圓孔，上大下小，狀如喇叭，俗稱『喇叭口』或『漏斗形』。

此器鑽磨後拋光再內外配合琢磨，厚薄勻稱圓弧線條優美。最大喇叭高4.5cm、上圓4.4cm、底圓2.4cm、圓孔0.5cm。最小喇叭高僅2.2cm、上圓2.1cm、底圓0.9cm、圓孔0.3cm。其中一只喇叭，最大圓是4.8cm、底圓2.1cm、高僅3cm。

此組喇叭形器，新石器文化末期至商(距今4500~3000年)，鑽孔技術已相當高超，精湛的工藝琢出喇叭優美的質地，展現古老文明追求藝術的完美要求與意趣，巧奪天工的作品令人瞠目，不亞於紅山箍及良渚玉琮等文化瑰寶。

玉龍把帶座活環匜

全高 14.9cm　　寬 24.6cm

青白玉質，沁色均勻，商周青銅匜形制，器身長橢圓形，龍把背上一排出戟，有螺旋雙角，威嚴昂首。前端有槽狀寬流，後端置橢圓形環器物，矮圈足，匜外壁細陰線紋雕琢對稱虺龍紋。底座三獸紋足，座上雙龍活環耳圓盤承接龍把匜，盤壁亦琢對稱虺龍紋。匜由古代早期的盉演變至漢而來，見證王室生活的轉變意義。

考古西周至春秋戰國時期的青銅器，青銅匜是橢圓形，早期還有帶四足的匜。先秦時期的匜是洗手用具。『左傳僖公二十五年』中有奉匜沃盥的記載，漢以後漸消失。唐代鎏金鴛鴦鴻雁紋銀匜的出土，經考證匜的用途與功能，古時匜是用來盛水或盛酒的器具。

螭龍紋單把匜

元~明

長 21.5cm　　高 9.9cm

青玉質，黃褐色沁，螭把，低圈足，橢圓形
環器紋。前端有凹槽寬流，上口緣一圈對稱
雙交雙S紋，中間陰刻凹弧線弦紋，增加立體
感。腹底一圈正方形斜線紋為飾，全器古雅
莊重，商周青銅匜形制，為元明或更早珍品
。

古代盛水、酒的器皿，形像瓢，沒有蓋，是
古代禮器。十六至十八世紀仿古風盛行，此
匜是元明時期的裝飾題裁，融合漢風和元明
古韻。

故宮典藏清代仿古銅匜，柄作獸首，帶紫檀
木座。

考證.
故宮典藏清代仿古銅匜，柄作獸首，帶紫檀木座。

玉螭龍把活環匜形壺

高 20cm　　長 19cm

青白玉質，高浮雕龍紋為
鋬，寬流下緣飾龍首活環
，口沿以剔地隱起手法琢
弦紋兩圈，兩弦紋間飾七
組幾何形對稱斜角雲雷紋
，壺身鏤雕一螭龍，攀爬
於器壁上，身軀矯健。器
腹亦以剔地隱起手法琢弦
紋兩圈，兩弦紋間細陰刻
線羽紋，區隔匜頸與腹頸
部器表淺浮雕鳳紋及母子
螭紋各一，器腹佈滿穀紋
，壺底三足獸首紋。此壺
匜形制，造形奇特，琢工
細膩，螭龍及獸面紋身上
短陰刻線紋纖毫畢露，製
作難度極高，全器沁色自
然，濃淡不一，深入玉理
。紋飾、工法、神韻近漢
唐。

匜為古代盥洗用具常與盤
配合使用，每逢重要典禮
或祭祀，行禮前由一人持
匜倒水洗手，流下的水以
盤承接，表達內心敬意，
儀式稱「沃盥之禮」。

考證一.
1994年考古發掘出土春秋晚期青銅
匜，由山東省海陽市博物館珍藏。

考證二.
1975年考古報導陝西歧山縣窖藏出
土37件西周青銅器，被譽為青銅法
典的青銅朕匜是其中之一。青銅朕
匜是水器，為當時貴族洗器用具。

**考證三. 明 雲紋螭耳玉匜 天津
博物館藏**

考證三. 明 雲紋螭耳
玉匜圖一

考證三. 明 雲紋螭耳
玉匜圖二

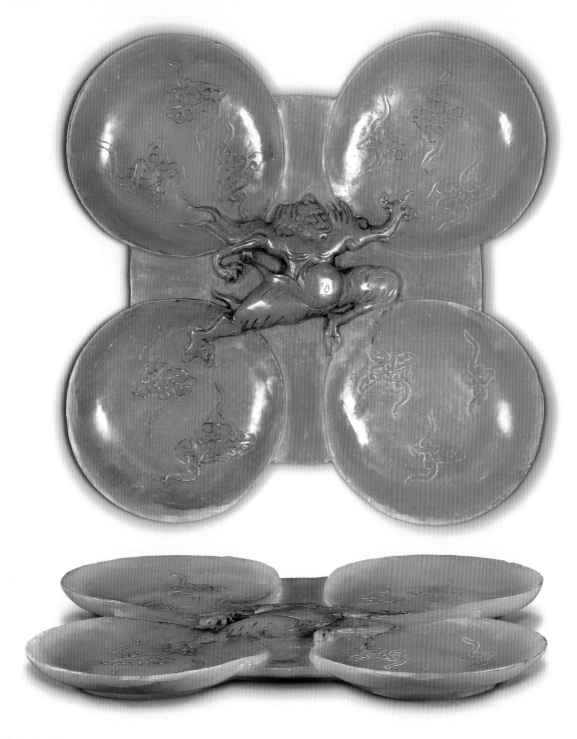

壽神人青玉盤 (一對)

唐

長 16cm 　 寬 16cm

青玉質，四方體，運用單層平面圓雕的多層鏤空，使圖案裝飾更生動，形象具立體效果。碾琢四個圓形體，將紋飾地子斜切內凹，突出猙獰逼真的獸神人紋，身軀比例誇張，呈現力之美。圓盤裝飾運用繪畫上的細陰線，突顯雲紋，再用砣打磨輪廓，器底有五環狀圈足，諧音『神獸圓福盤』，為禮器。形美工精，是唐代玉雕器皿的上乘之作。

器型呈正圓形，類似唐代金銀器皿，受西域外來文化影響。在玉器外表裝飾紋樣，製作採用掏膛技術，全器圖像逼真，玉質、造型、雕工精美，落款『大周之寶』，屬王室專用器皿。

盤底款

玉虎紋羊把量 (一對)

均長 29cm　　均高 6.4cm　　均口徑 8.2cm

青玉質，黃褐色沁，全器分為圓形體量與彎曲柄形尺量。玉質打磨溫潤，長柄立體雕琢，微彎曲，長柄雕琢一立體圓雕虎形，栩栩如生，圓雕羊形首，匠心獨運。直柄回溝凹槽，飾長方形紋飾，前端上圓下窄，琢製圓形體，圓外壁雕琢夔龍紋，下部雕琢細陰線紋，線條流暢，琢製水平極高，雕製稱量五穀標準容器。

清乾隆初年，清廷以東漢時期的圓形「新莽嘉量」為依據，參考唐代嘉量的圖式，在乾隆九年，從而仿造方形和圓形嘉量。兩圓一方三只嘉量，分別放置在北京故宮午門太和殿前，為方形嘉量，銅製，置於石庭中，放在太和殿前象徵國家的統一和集權。另一只放在瀋陽故宮崇政殿前，這是根據文獻記載嘉量的史料。

嘉量是古代標準量具，王莽篡漢後，改國號「新」，為了統一「度量衡」，依照大學者劉歆的考證，鑄造了東漢時期的嘉量，也叫作「新莽嘉量」。全套量器從大到小依次為：斛、斗、升、合、龠，五個容量單位，是根據二龠為合，十合為升，十升為斗，十斗為斛的古制設計，含有統一度量衡的意義，象徵著國家統一和強盛。

新莽嘉量量器，目的是以它作為全國各地稱量五穀等容器的標準，因此以青銅鑄造，以示傳之久遠，並且訂名為「嘉量」，而鑄於器表上二百一十六字的銘文，則敘述了鑄器的緣由，以及各部位的容器、尺寸等。全器一共分為五個量體，中央之圓形，上部為「斛」，下部較淺為「斗」，右耳為「升」，左耳上部為「合」，下部為「龠」。根據『周禮、考工記』載：「栗氏為量，改煎金錫則不耗，不耗然後權之，權之然後準之」，量之以為釜，深尺，內方尺而圓其外，其實一釜。

秦統一中國後，國家度量衡的標準器物是銅權，相當秤砣，權身刻有秦始皇二十六年統一度量衡的40字詔文，和秦二世元年詔文，做為重量衡器的標準。砣，重2053.5克，具有極高的歷史價值。

商鞅變法前，秦國各地度量衡不統一，為了國家賦稅收入，商鞅製造了標準「度量衡器」「商鞅量」，上有銘文「秦孝公監造」。

玉虎紋螭把量

長 29.3cm　　高 9.9cm　　口徑 9.2cm

青玉質，褐色沁，長方立體形五穀量器。弧線長柄上方雕琢兩立體圓雕虎形，兩虎對視，栩栩如生，柄下方飾一排出戟紋，鏤雕螭龍首。圓形體量外壁淺浮雕夔龍紋，下方琢一圈細陰刻直線紋，整體線條流暢，器形優美。

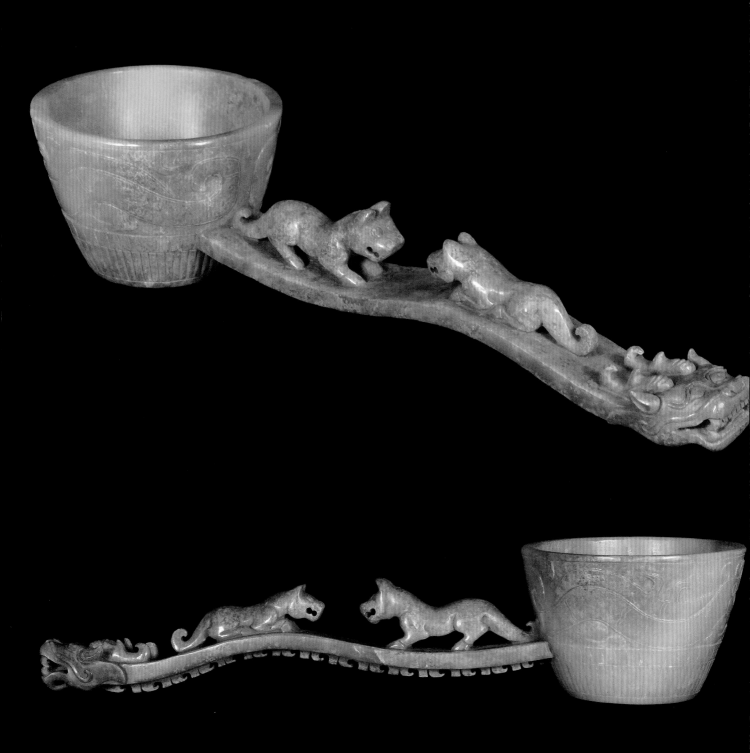

286

鳳紋瓶雙羊座尊

高 19.7cm　長 15cm

青白玉質，褐黃色沁，立體長方形。雙羊相背，背上拱鳳紋瓶，羊角彎曲，雙眼陰刻微凸，昂首視前方，短鬚上揚，惟妙惟肖。雙羊座瓶依商代青銅羊尊造型琢製，雙羊與加蓋鳳瓶一體成形，設計極富巧思，紋飾以羊、鳳、獸面紋、穀紋、螭龍紋為主次佈局。三隻鏤雕鳳鳥附著在玉瓶左、右、頂蓋上，呈現立體造型。玉瓶掏膛，瓶腹淺浮雕鳳紋，地子佈滿乳釘紋，凸顯鳳鳥展翅欲飛之勢，形象生動。此鳳紋瓶造型精美，琢工細膩，顯微放大四十倍觀察，受沁自然，氧化鐵沁入玉質，玉羊內部產生淡紅褐色的鐵沁，整體形制，神韻近漢。

考證一.
宋元明清青銅器藝術盛行仿古，明至清初，錯金銀雙羊尊著錄於『寧壽鑑古』，作「漢犧尊三」，為雙羊造型，背上圓筒形開口，羊尊原體是商代的銅器，珍藏在大英博物館。故宮珍藏明清錯金銀雙羊尊，器表鑲嵌松綠石。

考證二.
商代方尊中碩果僅存四羊方尊堪稱國寶，出土於湖南省寧鄉縣，為寧鄉青銅器代表作。

考證三.
大英博物館中國廳最特別的一件商代雙羊尊青銅器鑄造於公元前十三世紀至十二世紀，與殷商遺址出土青銅器皿相似，屬南方銅器風格。

考證四.
1963年陝西寶雞遺址出土何尊，是西周最早有紀年的青銅酒器，造型莊嚴厚重，內底有銘文122字，是研究西周初期青銅器最重要的歷史史料。

雙羊鳳紋尊

高 27.7cm　　長 10.3cm

青白玉質，黃褐色沁，立體長方鏤空，雙羊共體，帶立體三鳳捧壽羊紋蓋。羊角陰刻線內凹彎曲，羊首五官淺浮雕清晰，尊口下飾淺浮雕網紋、雙鳳紋、出戟扉棱，尊器羊頜及腹下飾扉棱，象徵鬚和垂毛。器腹正中饕餮獸面，闊嘴，壁面飛鳳紋相對，並琢一立體鳳鳥紋，地子琢立體乳釘紋補白全器。羊四足上方雕團鳳，支撐座尊，神態安閑，對稱雙羊靜穆典雅，賦予『吉羊』、『吉祥』雙羊和諧寓意。

商代青銅雙羊尊，鑄造於公元前十三世紀到十二世紀，為商代容酒器，屬於南方青銅器風格。

288

考證．
商『雙羊尊』是日本根津美術
館的重要典藏品。

289

獸面羊鈕蓋尊 (一對)

明~清

均高 23.7cm　均長 17.7cm

青玉質，立體橢圓長方形
，雙羊首共體，背部相向
，各視一方，羊角深刻條
紋，大彎曲。羊鈕拱蓋，
羊體相連，尊口陰刻皿紋
一圈。器腹飾饕餮獸面紋
、几紋，腹中上下陰刻弦
紋，深刻直線紋，排列整
齊，琢獸面紋飾為地補白
雙體紋飾。羊足對稱，四
平八穩，繁複的紋飾，厚
重樸拙的質感。

琢工講究，賦予吉祥的雙
關語意，以古代青銅器為
藍本製作，為明清玉器珍
品。

明清摹古玉器，主要是商
周時期的青銅禮器，其製
作工藝展現出寫實又浪漫
的藝術風格，表現題材及
紋飾，呈現出明清時期的
特點，羊紋、龍紋、鳳紋
都是明清時期的傑出作品
，清代碾琢要求嚴格，規
矩方圓，線如直尺，圓似
滿月，器表圓潤光滑，器
內腔、側壁，也一絲不苟
。

尊盛行於商代，形制特殊
的盛酒器犧尊，通常呈鳥
獸狀，有羊、虎、象、豬
、牛、馬、鳥、雁、鳳等
形象，紋飾華麗。

290

考證一.

故宮博物院珍藏，清初錯金銀
雙羊尊。

考證二.

大英博物館珍藏，商雙羊尊。

考證三.

日本根津美術館珍藏，商雙羊
尊。

鳥獸螭鳳紋尊 (一對)

均高 27.8cm　　均長 23.5cm

青白玉質，黃灰色沁，鳥鷥形，帶鳥鈕蓋，酒器。鳥昂首挺立，五官刻劃簡潔，形體威猛逼真，陰刻立體圓目有神，長喙嘴，細圓長頸打磨光亮，陰刻細陰線羽毛，腹腔中空，鳥背拱起，橢圓形口，正中浮雕陰刻線紋翅翼、饕餮獸面紋，腹下琢製螭紋。拱蓋上一立鳥，直視前方，蓋孔可穿鏈條，與尾螭柄相連，鳥足粗壯有圓蹼，造型獨特新穎，裝飾雄偉，代表獸與壽，寓意吉祥，為漢以後神韻。

考證一.
寶雞青銅器博物館珍藏西周中期鳥形尊。

考證二.
1988年山西太原遺址出土，春秋晉國青銅鳥尊。

考證三.
2002年澧陵小田溪遺址出土，戰國青銅鳥形尊。

玉鳥形尊

長 20cm　　寬 10.3cm　　高 12.8cm

青白玉質，部分黃褐色沁，形體厚重，壁厚腹中空，掏膛，帶鳥鈕蓋。鳥首上昂，桃形雙耳，雙目陰刻圓睜，直視，喙部下勾，鷹喙鼻，足為平腳有蹼，鏤雕扇形尾，微上翹。鳥頰飾捲雲紋帶，羽翼上有羽狀陰刻斜線紋飾，羽寬大上翹，延伸至尾部。腹體飾以陰刻四方形勾連乳釘紋，凸顯鳥形尊可能與神話傳說中太陽三足鳥有關。

此鳥形尊琢製精工，形制罕見，為元明或更早珍品。

考證.
寶雞青銅器博物館珍藏，西周中期鳥形尊。

玉鳳紋神鳥座尊 (一對)

均高 15cm　　均長 10.5cm

白玉質，鳥獸形象，古代酒器類。器壁厚實，左右鳳
鳥對稱，神鳥回首與鳳相望，垂耳凸目，張口露齒狀
。器腹陰線刻描，淺浮雕雙翼，下琢垂帶環卷尾，雙
足直立，纖細中見力量。鳥背上琢製圓形壺，壺掏膛
，拱蓋，外廓琢刻立體鳳鳥紋為主題，器面雕刻乳釘
紋為地，細膩凝重，整體形象生動。此尊造型紋飾寫
實奇特，呈現鳳鳥靈性，象徵吉祥高潔，全器沁色自
然，深淺不一，深入玉理，鳳紋、縠紋及細陰刻線紋
近漢代神韻。

佩

飾

鳥形佩 (一)

長 7.2cm

白玉質，半月弧形狀，鳥首上仰，臣字圓眼，鉤喙，鳥冠上出棱凹形狀。曲身，陰刻單陰線長紋，胸腹半圓形，頸上有喇叭孔，足內縮。整體紋飾造型為商周風格。

考證. **西周 鳥形佩**

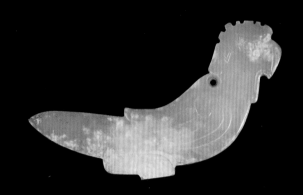

考證. 西周 鳥形佩圖

鳥形佩 (二)

長 9cm

青黃玉質，尖喙上翹，凹形圓眼，腹飾以陰線，刻出長線形羽翅，長尾分岔下垂，足蹲形，胸前鑽喇叭形圓孔。全器構圖形象分為長喙、鳥紋、身軀、羽翅及尾飾，雕刻寬陰線長條形，紋飾形制似西周鳥形作飛行狀。

商晚期，約公元前十三世紀，殷商遺址出土鳥紋飾，與青銅器上的鳥紋飾相符。鳥紋飾於青銅器物的頸、口、腹、足等部位，紋飾出現在青銅器鼎、尊、卣、觶、觥、壺、簋、彝等。

考證. **西周 鳥形佩**

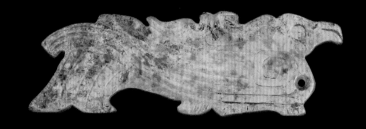

考證. 西周 鳥形佩圖

高戴王冠鳥紋形

高 7cm

青玉質，灰色沁，淺浮雕立鳥。頭戴高王冠，臣字眼，丁字嘴，雙勾線紋遍佈全身，陽紋呈現在兩條陰線之間，整體線條流暢，神態逼真，沁色自然，刀工紋飾近商周古韻。

商代陰陽紋的琢碾，是沿紋樣兩側邊緣分別刻出陰線，再將陰線兩側略加修磨，使淺痕加寬，中間陽紋夾在兩條陰線間，形成陰陽相錯的藝術效果。鳥是商族崇拜的圖騰，玉羊、玉燕雛、玉鳥都是商代重要玉器，與王權政治聯繫在一起。

考證.
1976年河南省安陽殷墟出土商代玉燕雛。

（右側面）

（左側面）

玉鴞尊

高 5.6cm

青白玉質，沁色自然，昂首挺立，圓雕鴞形，雙眼圓瞪，喙曲如鉤，頭頂羽冠，雙足與垂尾共為支撐，造型莊重，腹體陰刻雙陰線凸顯陽紋，為商代工法。

鷗鴞是鳥類的統稱，鴞紋形象僅見商代後期，西周青銅器未發現鴞紋。河南安陽殷墟婦好出土青銅鴞尊，紋飾極盡華麗，裝飾獸面紋、蟬紋、夔龍紋、蟠蛇紋，蓋上立鳥，口內銘文「婦好」，剛健雄偉，能辟兵克敵，為祥瑞神鳥，稱『戰神』。

考證一.
1976年安陽遺址出土，商銅鴞尊及玉鴞。

考證二. 玉鴞

考證二. 玉鴞圖

玉燕

圖一、長 4.2cm　　寬 6.8cm　　厚 2.2cm

圖二、長 3.4cm　　寬 2cm

圖三、長 2.2cm　　寬 2.4cm

青白玉質，扁平體，小尖喙，圓目，雙翅特大，短尾。圖一圓雕玉鳥，厚2.2公分，作展翅狀。器面以凹弧線減地凸起陽紋，線條流暢，腹中鑽一圓孔或喇叭孔，玉質沁色均勻，形制古樸，生動傳神，與陝西西安市長安區出土商周玉燕紋飾形制相近。

商代崇尚自然風格，以玉鳥為圖騰，《詩・商頌・玄鳥》：“天命玄鳥，降而生商。”玉鳥在商代應被賦予宗教意涵。

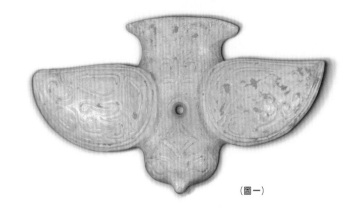

(圖一)

考證一. 商 玉燕

青玉質鳥形燕，器面以凹弧線減地凸起陽紋為飾，圓眼，以小型圓管鑽磨。鳥體陰刻凹線紋，轉折處「冂」字形，雙線壓地，線條力道分明。陰刻線條，勾勒出羽翅，尾部如魚尾狀。紋飾以砣具雕琢而成，轉折硬『刀雷紋』特徵，呈現燕鳥飛翔輪廓，簡潔有力。

(圖二)

考證一. 商 玉燕圖

(圖三)

玉鷹

寬 9.2cm　高 7.5cm

黃玉質，褐色沁，厚片弧形狀。
鷹首微昂，頭側右邊，正面身軀
作展翅狀，以細陰線琢眼框，突
顯圓眼，周身以隱地突起陽紋勾
勒變形雲紋，線條剛直略帶勾轉
狀，並利用砣具，桯具和三角棱
作邊飾鏤空，突顯雙翅的不規則
扉棱，形成剪影式的圖案化效果
。

商代玉雕以方圓為造型，外輪廓
呈圓弧狀，雕琢鳳、鶴、鷹等禽
類，掌握焦點神態，創造出精美
作品。

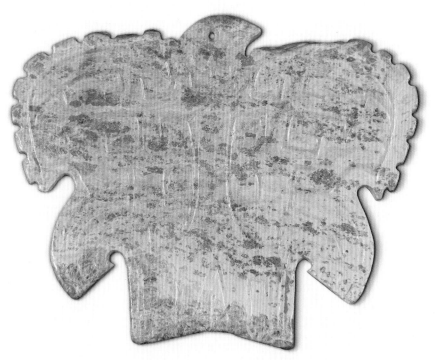

考證一. 清 玉鷹

考證一. 清 玉鷹圖

考證二. 商 玉鷹

考證二. 商 玉鷹圖

鳥獸形佩 (一)

高 7.2cm

青白玉，圓眼，勾喙，西周紋飾。
鳥獸形佩，運用透雕與陰線刻劃，
鳥獸形象淋漓盡致。

商族長期居於黃河下游地區，以玄
鳥為圖騰，「商頌・玄鳥」：「天
命玄鳥，降而生商」。

鳥紋雕琢出於商代，常與獸紋或龍
紋組合，與宗教信仰有關。古人敬
畏大自然，崇拜鳥獸的能力，藉玉
器雕琢將鳥獸佩在身上，想像自己
能與天地溝通，極富巧思。

鳥獸形佩 (二)

高 4.2cm

商代玉器大部分融合了研磨削切
、勾線陰刻、陽刻浮雕、鑽孔，
抛光等多重琢製技術，從選料到
成品，精湛的技藝為當時精彩歷
史留下珍貴的見證。

龍鳳紋佩

長 10.8cm　　寬 9.5cm　　厚 0.8cm

青白玉，局部淺褐色沁，龍首鳳尾，曲形身軀表面雕刻穀紋為飾，並琢兩隻鳳鳥紋搭配。平面透雕龍鳳紋與規則穀紋及游絲紋共飾一器，為戰國玉佩的典型特色。此龍鳳紋佩與1998年浙江省安吉縣龍山墓群出土戰國早期一龍雙鳳佩紋飾形制相似。

龍形最早出現在內蒙古翁牛特旗三星他拉村遺址，「紅山文化」出土的玉龍，彎曲如滿弓，翹鼻凸目，長鬃後飄，生動傳神。六、七千年前就有龍的形象，商周龍形與獸形結合，呈蹲形捲曲的野獸狀，至春秋戰國龍形變化以扭轉帶狀S龍最多，千變萬化。漢代龍形昂首挺胸，宋代龍形氣韻生動，頭上有分叉的角。元代龍形威猛強勢，明清五爪金龍，帝王專用，尊貴威權集一身，形態有昇龍、降龍、坐龍、團龍等。

龍在中華文化中佔有重要的地位，並延伸至青銅器、瓷器及各種雕塑繪畫上。歷代都有玉龍的出現或出土，歷經悠久的歲月，龍成為最珍貴的歷史文化見證。

考證. 戰國 龍形佩

白玉質，黃褐色沁，呈S形體，龍形佩的首、尾、腹等處凹弧面出廓，器表淺浮雕陰刻線紋，龍首彎轉捲尾流暢，繫帶孔位於重心處，穿線後能保持全器平衡。

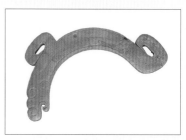

考證. 戰國 龍形佩圖

S龍玉佩 (一)

長 13.4cm　　寬 4.2cm

青白玉,受沁白化,龍呈回首狀,橢圓眼,曲身捲尾上翹,兩側飾有足和卷毛,卷毛上琢細游絲紋,龍身及首部有一圓孔。兩面雕刻穀紋,採剪影手法,在片狀玉料上用精細的外輪廓線勾勒出兩面紋飾相同的S形龍,形制優美,有戰國神韻。

西漢玉器求變化,曲線S形龍不雕琢重覆排列規律性紋樣,為使弧面部份不至留白,表面裝飾去地隱起的穀紋、網紋、小圓圈紋、短平行線紋及扭絲紋等,紋飾更趨變化,並以精湛的藝術鏤空技法展現主體動物紋飾,使漢代玉器呈現極高的水平。

考證三. 戰國中晚期 S龍玉佩圖

考證一.
英國國立維多利亞阿伯特博物館珍藏戰國S龍。

考證二.
台北故宮博物院珍藏戰國中期龍形玉佩。

考證三. 戰國中晚期 S龍玉佩
平面透雕S形龍紋,玉質保存完整,玻璃光,玉質細膩,器型上下左右相對平衡,玉佩變化更形生動。

S龍玉佩 (二)

長 11.8cm　　寬 5cm

白玉質，部分玉質受沁呈白化，龍曲身回首。龍首有角，橢圓形眼，上吻圓長，口部微張鏤空，龍身蜷曲，兩側飾有足和卷毛，卷毛上琢細游絲紋。兩面以剔地隱起工法琢勾連穀紋、雲紋及虺紋，龍首下緣兩面另各琢一隻小虺龍紋，以眼、首、鼻示意。全器內外緣有凸起的輪廓線，上部中有一小孔，供穿繫用。

此S龍形佩靈活運用邊廓鏤空，廓內雕刻精細，器表沁色自然，形制、琢工戰國神韻。

（正面）

（反面）

玉龍鳳共體形佩

長 26.3cm　　寬 14.8cm

青白玉，深淺褐色沁，龍張口回首，尾端琢一俯首鳳。龍鳳共體形佩是戰國經典造型，採浮雕鏤空技法，線條流暢，器表佈滿雲紋、凸雕穀紋及變形虺龍紋，紋飾細緻。

此佩形制與1977年安徽省長豐縣楊公鄉出土戰國晚期玉鏤雕龍鳳形佩相近。

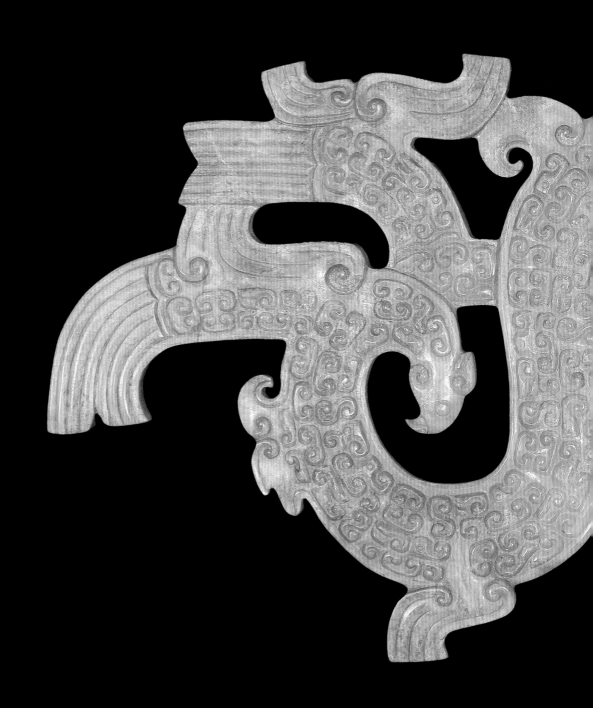

龍形玉佩 (一)

長 3.8cm　　寬 2.6cm

青白玉質，片狀、臣字眼，形似
商代捲尾龍。龍的首、尾、足採
平面立體化動物形狀與長弧線紋
飾相結合的造型。全器弧線採西
周大斜刀工法，紋飾流暢，上方
鑽小圓孔可穿繫佩帶。龍嘴、足
爪、卷尾及不特定處邊緣弧面鏤
空，凹痕紋飾清晰。

龍形玉佩 (二)

長 3.9cm　　寬 3cm

龍首寬長，龍口微張，下唇內勾
，橢圓眼，龍頸身彎曲成C形，龍
身琢網格紋及陰刻弧線，排列工
整，尾部琢陰刻線條成卷紋，全
器玻璃光。

此龍首與捲尾造型與河北省平山
縣戰國中山國墓出土龍形佩相近
，但龍身紋飾不同，中山國出土
龍形佩的龍身多飾淺浮雕穀紋。

龍形玉佩 (三)

長 3.9cm　　寬 3.3cm

青白玉，褐色沁，臣字眼，上唇鑽
一圓孔，鼻上翹，不露齒，圓形體
，雕成彎勾狀，雙線壓地一面坡碾
琢技法，線條流暢，造型紋飾似西
周玉龍。

龍形玉佩 (四)

長 3.6cm　　寬 4.2cm

玉質半透明，正方體，正面龍紋，眼、耳、身、尾分明，背素面。龍紋形象逼真，但圓弧斜坡力度不強，近春秋風格。

西周玉器紋飾有獨特性，延用商代『雙勾陰線裝飾法』，為一條垂直陰線和一條斜坡陰線相交出陽紋，藉光影交錯使紋飾更具立體感。

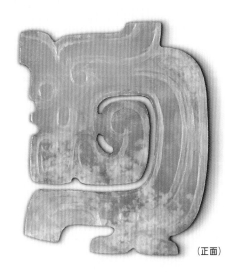
（正面）

（背面）

考證一. 商~西周 龍形

商代龍的造型是從早期C形龍演變而來，多為扁平狀，側面是單足，龍首大，身粗短，尾部漸細出尖，呈刀狀。首部有蘑菇角，眼以臣字示意，多為素面無紋飾。商周中晚期，圓雕龍出現，龍紋以雙勾線及兩條平行的細陰線碾琢，線條直線為多，有出棱角，也有龍脊出現扉棱形的脊齒紋，也有無脊的龍。商代龍呈大嘴狀，以示兇猛，紋飾雕琢兩條垂直陰線出陽紋。

西周龍紋飾複雜，有重環紋、雲雷紋、人字紋、皿紋等，雙勾線技法改寬斜刀，線條流暢，多彎形、弧形、臣字眼，獨具特徵，具立體感。

考證二. 戰國 龍形飾

考證二. 戰國 龍形飾圖

秦氏虺龍紋玉佩

長 7.2cm　　寬 3.7cm

青玉質，褐色沁，長方形鏤空玉
飾。兩面紋飾，以細陰線刻畫，
玉佩中間琢一對秦代玉龍，兩側
邊透雕『L』形紋，外緣凸出條形
齒，中間鑽一小孔。方折鏤空技
術古樸，線條較細但有力道，增
加整體紋飾的層次感。

秦式玉器獨具特徵，獨創造型。
鏤空透雕長條形器應是西漢王朝
獵取秦王朝庫府之玉器。

（正面）

考證一.
1974年北京大葆台漢代遺址出土玉器
中，有三件屬於春秋時期的秦式玉器
，其中一件鏤空條形玉飾，扁平狀，
邊作寬齒形，中間鏤孔，紋飾鏤雕『E
』形、『L』形、『T』形及方折的勾
連雲紋形等幾何狀透孔。方折線條直
來直去，沒有層次，紋飾重複，孔壁
上下不平整，隧孔兩邊加以琢磨，非
常特別。秦式玉風格，考證是始於春
秋早中期，成熟於春秋晚期，止於秦
漢後世。

考證二.
1994年徐州遺址出土玉雕漆木蕊玉枕
，有『亞』字形秦玉飾。

考證三.
2002年長安漢遺址出土春秋晚期陰刻
幾何形龍紋秦式犧。

考證四.
1966年山東遺址出土秦式龍首紋兩件
。

（背面）

312

秦式龍首紋形佩 (一對)

長 3.6cm　　寬 4.2cm

青玉質，C形龍造形，方形龍首，龍口透雕狹長「L」形，背部略靠前鑽一圓孔，兩面以方折細陰線琢數組龍紋，龍尾向下呈九十度轉折，亦琢細陰線紋。全器形制紋飾秦式玉器風格。

考證一. 陰線刻幾何狀秦式龍首紋

1974年北京大葆台漢代遺址出土，三件屬於秦式玉器，文獻記載，漢代已有『黃腸題湊』的制度。鏤空條形玉飾，扁平狀，邊作寬齒形，中間鏤空，紋飾有龍紋、雲雷紋、穀紋、渦紋、幾何形方頭龍紋，龍首抽象，線條勾連緊密，陰線雕刻，線條直來直去，沒有層次，紋飾重複，孔壁上下不平整，隧孔兩邊加以琢磨，非常特別。秦式玉風格，考證是始於春秋早中期，成熟於春秋晚期，止於秦漢後世

鏤空透雕長條形器，是西漢王朝獵取秦王朝庫府之玉器。

考證二. 陰線刻幾何狀秦式龍首紋圖

考證二. 陰線刻幾何狀秦式龍首紋

考證三. 陰線刻幾何狀秦式龍首紋

考證三. 陰線刻幾何狀秦式龍首紋圖

環型玉龍

長 5.4cm　　寬 5.6cm

青玉質，局部沁色鈣化，臣字眼，頭有磨菇形角，中脊飾扉棱。圓雕玉龍周身琢雙陰線雲紋，陰刻線流暢優美，紋飾、形制及工法為商代特色。

玉龍最早以環或玦的形制出現，商代環形玉龍器體較大，厚片狀，凹臉，凸目，星狀牙齒，豎耳，保持松澤文化及良渚文化特色。

環形龍至西周時，星狀牙齒消失。龍為百鱗之長《說文解字》：「龍，鱗蟲之長，能幽能明，能細能巨，能短能長，春分而登天，秋分而潛淵。」龍是中華民族最具代表性的傳統文化之一。

考證一. 商晚期 玦形玉龍

公元前1600年~1100年，商代玉龍與紅山文化玉龍的淵源不僅表現在時間的早晚關係，也反應在形態上。紅山文化玉龍以頭部為表現重點，寥寥數刀即琢出瞠目凸吻的玉龍形貌，龍身部分雖光素無紋，但整體形象栩栩如生，十分傳神。

商代出土玉豬龍表面呈土褐色，雜有黃色斑點，龍頭碩大，身體捲曲，首尾相對，呈圓形蟠曲狀。頭部有鈍角，臣字眼，眼珠微突，背部琢雙勾線雲紋，背尾腹下還有數道綯褶紋飾，造型、琢工、裝飾達極高的藝術成就。商代玉豬龍珍稀罕見，是華夏崇龍部落融合過程的見證。

考證二.

1985年吉林左家山遺址出土玉龍是目前在中國最早被發現的龍的形象。

考證一. 商晚期 玦形玉龍圖

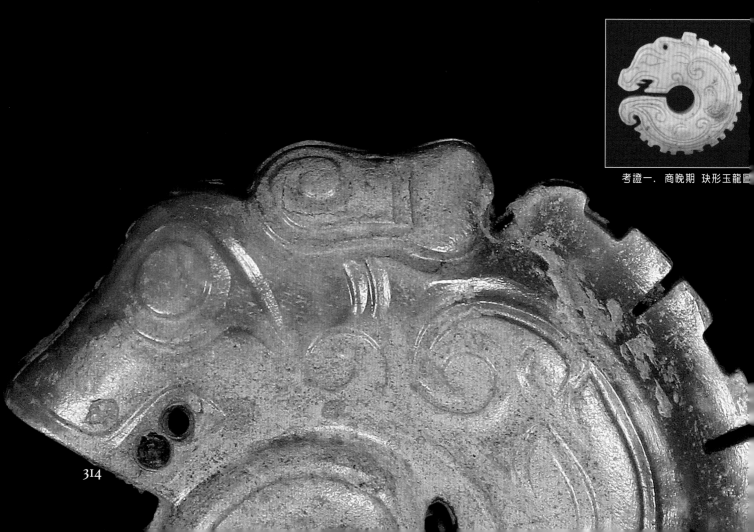

考證. 商 玉鳳圖

玉衡魚鴨形佩

明清

長 8cm　　寬 6.1cm

青白玉，立體圓雕，鴨首陰刻圓
眼，嘴衡魚，頸部深刻四道陰線
紋，腹部運用西周雙線陰刻圓弧
線紋，器表以淺浮雕雕琢紋飾，
尾部兩道斜線陰刻。器表多處黃
褐色沁。運用玉色的變化，巧雕
琢製，線條簡約，構圖自然，有
明清時代遺風。

唐代中西文化交流頻繁，又因遼
金時代外族入主中原的影響，外
來題裁相繼出現在玉器製作上。
遼代以肖生玉器造型為主，因遊
牧水陸生活，流行出現動物形玉
佩。

考證一.

北京故宮珍藏海東青攫天鵝春水玉飾
。

考證二.

1985年內蒙青龍山遺址出土動物形玉
佩。

玉鳳

長 6.3cm　　高 2.4cm

青白玉，雙圈圓眼，高冠
勾喙，短翅長尾，身形華
麗。鳳為百鳥之王，商周
青銅器常以鳳鳥紋為飾，
此玉鳳以西周長弧雙陰線
技法雕琢，紋飾流暢，器
形優美。

西周紋飾最具代表是鳳紋
，按陰陽五行之說，鳳色
赤，五行屬火，是南方七
宿朱雀之象，也是龍、鳳
、麟、龜四靈之一。楚人
崇拜神鳥，鳳凰是鳥中之
王，有『百鳥朝鳳』之說
。

鳳是瑞鳥，天下太平的象
徵。鳳與龍如影隨形，鳳
從屬於龍，龍鳳呈祥是最
具文化特色的圖騰。

玉人龍紋佩 (一對)

長 7.5cm　　寬 2.2cm

青玉半透明，正面橢圓眼龍紋纏身，背面光素，左上之龍首較大，並刻雲紋凹紋角，陰線呈彎勾狀，翹鼻，側邊有人頭紋，隆鼻，邊有圓孔為佩飾，主體有四個長條狀鏤空作為點綴，西周形制，突顯『造型鏤空』，增加立體感。

西周龍紋鏤空是典型『逗點式鏤空』，位於兩個反向龍首的下方，運用砣具、小圓管、條狀金屬工具拉鋸鏤空，凸顯抽象的人龍纏身紋飾，並將邊飾鏤空，傳達生動之效果。

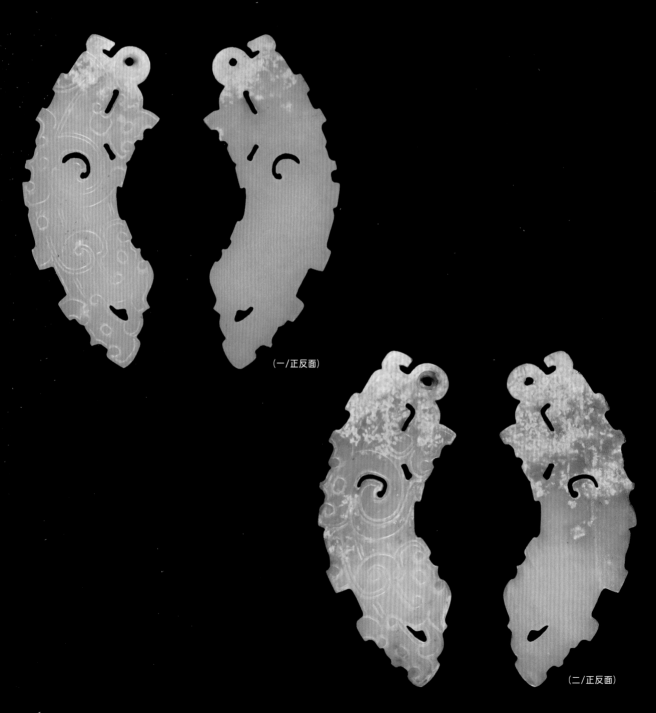

(一/正反面)

(二/正反面)

夔龍形佩

長 7.8cm　　寬 1.8cm

青白玉，臣字大眼，身軀弧形曲足蹲伏狀。此器尾部卷紋，下方有足的造型，與西周龍形制相似，但與西周碾琢工法不同，陰線紋較細，應為西周後作品。

玉虎佩

長 8.4cm　　寬 4cm

全器灰褐色沁，整體琢一奔馳虎形，呈扁平狀，虎背脊線依背與臀的高低順行，俯首，橢圓眼，雙耳直立，背微拱，尾回卷，前後肢前屈觸地，矯健有力，嘴部鑽一圓孔，虎身紋飾採雙陰線法，線條流暢，虎尾用鐵線鑽穿孔，爪琢線紋呈L形，虎型輪廓清晰，玉匠雕琢掌握鐵器技術的精髓。

此玉虎形制與1983年河南信陽光山縣寶相寺出土春秋中期黃國玉器的玉虎及河南淅川下寺春秋楚國墓出土的玉虎均極相似。

春秋戰國時期的雙勾線已無西周時一粗一細配合的特色，紋飾呈現細密佈局。古代禮儀文化，琥器是重要禮器之一，與璧、琮、圭、璋、璜並列為六瑞。

周禮：「以玉作六器，以禮天地四方，以蒼璧禮天，以黃琮禮地，以青圭禮東方，以赤璋禮南方，以白琥禮西方，以玄璜禮北方。」用玉與天地四方及鬼神溝通，使玉蒙上一層神秘色彩。

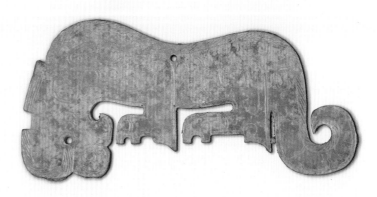

鳳紋玉佩 （一）

西周

長 4.8cm　　寬 3.8cm

青白玉質，褐色沁，器呈方
梯形，雙面工，正面鳳紋，
背面平滑無紋飾，三十孔對
穿喇叭形。長勾喙，圓眼，
鳳鳥琢雙陰線紋，西周形制
。

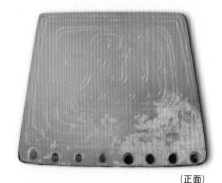

（正面）　　　　　　　　　（反面）

鳳紋玉佩 （二）

西周

長 3cm　　寬 2.9cm

方形鳳鳥佩，穿孔正好在鳥
勾喙上，鳥形抽象，亦琢雙
陰線紋。形制紋飾似北京故
宮博物院西周鳳紋玉佩。中
央有孔的鳳紋佩，多用為組
項飾的總束。

西周　鳳鳥紋

考證一.

山西曲村-天馬遺址出土鳳紋玉佩。

考證二.

陝西寶雞周原博物館館藏鳳紋玉佩。

考證三. 西周　鳳鳥

西周(公元前1100年~771年)鳳鳥，中間單向鑽孔，圓眼勾喙，陰刻雙
陰線鳥紋飾。西周時期不僅對玉料品質及色澤的使用有嚴格的等級規
定，還反映在穿繫玉的絲帶色澤上，禮記玉藻文獻記載：「天子佩白
玉而玄組綬，公侯佩山玄玉而朱組綬」，即天子在行禮時用純白玉。
由於西周在禮儀上對玉的重視，玉的價值也得到肯定和提昇。

考證三. 西周　鳳鳥圖

玉獸面紋

長 2cm　　寬 2.4cm

青玉質，全器褐灰色沁。正面獸首以鼻樑為中線刻對稱雙角
、雙眉、雙耳及臣字大眼，雙角陰刻人字紋，刀工俐落，中
間有一喇叭孔，典型商周獸面紋形象。

獸面紋又稱饕餮紋，是古代傳統抽象化的圖騰，帶有濃厚的
神秘色彩。獸面紋是以動物，如龍、老虎、羊、牛的原型加
以變化而成。

商代的獸面紋分為四種，「獨立獸面紋」、「歧尾獸面紋」
、「連體獸面紋」與「分解獸面紋」。考古圖記載：「中有
獸面，蓋饕餮之像」，自此流行饕餮紋一詞，後稱獸面紋。

殷商時代青銅器紋飾以獸面紋為主，將獸臉雕琢在玉器表面
，有凸雕式、陰雕式，顯示出野獸的面孔。有些分不出獅、
虎、豹及其他怪獸面相，近代饕餮紋歸類為獸面紋。

商代以動物紋樣、幾何形紋樣、人物紋樣衍生出類型多樣的
紋飾藝術，大多形象逼真。

考古學者將商代玉器分為早中晚三期，早期為二里頭文化四
期，中期為鄭州二里崗湖北黃陂盤龍城出土玉器為代表，高
峰期在商晚期。商代獸面紋玉器琢製，工藝精美，出土獸面
飾與青銅器的獸面紋相似，皆神形兼備，具極高的玉器藝術
水準。

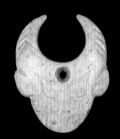

考證．

2000年安陽遺址出土三角形玉獸面及長方形玉獸面，顯微放大四
十倍，呈現凹槽粗糙，佈滿晶粒狀凸點，平面留拋光痕跡。

玉鹿

圖一、長 3.8cm 　 高 7.8cm

圖二、長 3.5cm 　 高 5cm

　　　 長 3.5cm 　 高 6.2cm

青白玉直立鹿三隻，圓眼大耳，鹿角呈五至八個分叉，兩隻鹿身紋飾採西周雙陰線工法，另一隻無紋飾。不論昂首向前凝視或回首觀望狀均神態優美，充份展現了鹿的形象和性格特徵，為稀罕珍品

鹿與祿同意涵，古人以鹿的形象寓意祿，視為吉祥之兆，慣稱瑞鹿。玉雕鹿的形象類似商代甲骨文的鹿字。商代玉鹿以薄片較多，光素無紋飾。西周玉鹿多呈片雕直立狀，鹿角分叉捲成大圓孔，短尾，蹄趾明顯，鹿身飾圓弧線，後肢前曲，表現了鹿昂首觀望，蓄勢待發的神態，充滿活力。

(一)

(二／一對)

考證. 西周~戰漢 玉鹿角

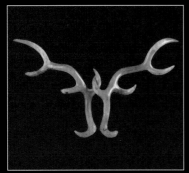

考證. 西周~戰漢 玉鹿角圖

320

螭紋璧

徑長 4.2cm

青白玉，黃褐色沁，環狀立體浮雕螭龍紋，外緣陰刻細線紋一圈，龍形彎轉弧度優美。

考證. 西漢 浮雕螭紋璧

西漢(公元前206年~公元8年)白玉質，晶瑩剔透，採鏤空高低透雕技法，螭龍呈騰空飛奔狀，身飾勾連穀紋，地子拋光一絲不苟，孔壁打磨光滑，細陰線刻劃，刀工精湛。S形構圖螭龍紋，背脊陰刻深線，正面身軀及尾部高低浮雕技法重疊成一圓形體，展現玉螭龍扭身飛躍姿態，凸於器表上。

考證. 西漢 浮雕螭紋璧圖

卷尾螭虎環

徑長 5.4cm

青白玉質，黃褐色沁，玉質溫潤。螭虎紋採雙環構圖，鏤空雕與細陰線淺浮雕技法共用，外圈螭虎紋內側雕琢鋸齒狀紋，內圈以陰線琢扭繩紋，螭虎尾、足與扭繩環相連，將雙環分隔成三區。此螭虎雙環設計極富巧思，雕工極佳。

高浮雕與透雕動物紋是漢代最具特色的技法，立體化的動物紋透過凹弧面和多視點的角度取像，呈現立體化的感覺。另以鏤空技法將環體透雕為內圓外圓的螭虎紋璧形，亦為漢代經典造型。

考證. 東漢 卷尾螭虎環

東漢(公元25年~公元220年)白玉質，黃褐色沁，玉質半透明，玉環採鏤空透雕及雕刻陰線相結合的技法，雕琢螭虎紋套環，螭虎以圈形構圖，呈騰空飛奔狀，充滿生命的活力。

螭虎頭部上方雕兩個橢圓形耳朵，下外側再雕兩個鬚鬢花紋，以浮雕與細陰線剛柔相濟的雕琢技法，呈現螭虎的面貌。此環作團螭虎卷尾狀，身軀環繞兩圈，整個玉環較西漢構圖更富變化。螭虎卷尾身軀以細陰線刻劃鱗紋，形如魚鱗之排列，卷尾琢數道陰線紋，與螭虎首口相連。螭首足以漢代牛毛紋刻描，纖細中更見力量。

考證. 東漢 卷尾螭虎環圖

龍鳳穀紋出廓璧

寬 14.6cm　　徑 11.2cm

青白玉，內圈透雕龍紋，璧肉佈滿勾連穀紋，規範工整，有明顯琢痕，出廓左右鏤雕雙鳳，雕工流暢。此璧龍鳳紋造形華麗，刀工俐落，全器帶硃砂沁，沁色自然，形制神韻近漢。

考證．鏤空龍紋璧

璧飾渦紋，璧孔(好)中間以游龍作為裝飾，龍昂首，龍首、軀體、四足、捲尾呈回環捲曲狀，體態動感十足。整件玉璧雕琢精緻，玲瓏剔透，神韻飛揚。璧肉玉質半透明，雕琢穀紋，錯落有致，穀紋留有明顯琢痕，拋光技藝一絲不苟，刀工遒勁。

玉璧鏤空技法成熟，圓孔融入具有凹弧面及多視點取像的立體化造型，龍紋勾轉弧度圓正，虛實相映，創造出視覺的空靈美感。

考證．鏤空龍紋璧圖

鏤空龍鳳紋出廓璧

寬 11.3cm　　徑 9.6cm

青玉質，灰褐色沁斑，器分三部份。中間圓孔透雕螭龍，龍首翹鼻張口，頸部和身軀彎轉為S形，尾巴上捲，四肢開展，以凹弧面技法呈現立體感。璧肉保留內外兩圈邊框，框內琢階梯式連線乳丁紋，橫豎相接的勾連紋由內向外，以放射狀的型態佈滿器表。圓璧兩側下方分別雕琢一隻鳳鳥，尖喙杏眼，冠羽上揚，頸部和身軀彎轉如S形，昂首挺胸面向外側，尾羽下垂。

此玉璧採壓地技法，乳丁紋琢製工整，龍鳳紋透雕技法精湛，充份展現漢代神韻。

鏤空龍鳳紋璧

徑長 6.5cm

青玉質，褐色沁，扁圓體，
鏤空透雕。玉璧分三區紋飾
鏤雕，琢製穀紋套環，兩環
璧間雕琢鏤空龍鳳，龍鳳身
上琢短平線紋，增加立體感
，另刻小圓紋，有補白功能
。

雙圓璧兩面紋飾相同，琢淺
浮雕穀紋，穀紋圓潤飽滿，
錯落有致，穀芒處留有旋轉
琢痕。璧內外圓陰刻出突弦
紋，與內部井然有序的穀紋
，凸顯了龍鳳呈祥的主題。

全器在造型、構圖、紋飾方
面，均採用鏤空透雕及陰線
相結合的手法，刀工俐落，
地子打磨光滑，龍鳳紋呈騰
空飛舞狀，充份展現漢代神
韻。

龍紋佩

徑長 6.2cm

青玉質，龍首部位沁色較深
，外方內圓形，以磨角成圓
法製作，外緣歧出扉棱。雕
琢雙龍紋圓眼，身軀相連，
線條流暢，大斜刀弧線呈現
西周韻味。

西周圖騰中常出現龍的紋樣
，龍具有九種不同動物的特
徵合而為一形成九不像之形
象。

考證. 西周 龍紋佩

西周(公元前1100年~771年)器
身紋飾佈局是典型的西周樣式
，以雙勾陰線紋雕琢圓弧線呈
大斜刀，並利用反光和陰影之
差，圖像更顯立體感。雙龍圓
眼，身飾弧線紋組成的幾何圖
案，刀工流暢。

考證. 西周 龍紋佩圖

龍紋璧

西周

徑長 4.8cm

青白玉，扁圓形，臣字圓眼，沁色自然。

西周基本雕琢工法是直線雕，適度變化出弧線或彎線。碾玉人製作的力道與目視的角度，蘊育出寬斜陰線工藝特徵，斜面有微凹弧面，與玉面接觸的棱角犀利順暢，雕琢時需穩定的力道。此璧小巧精緻，刀工流暢，華而不繁，西周珍品。

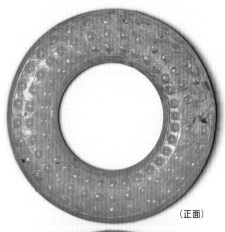

(正面)

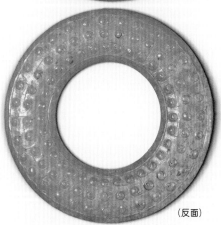

(反面)

乳丁紋玉璧

漢

徑長 5.6cm

青黃玉，微沁，玉質溫潤，圓形璧內外緣有出廓線。全器佈滿橫直線排列整齊的乳丁紋，直排與橫排二個乳丁紋間琢一單陰線紋，垂直或水平相連，每兩個乳丁紋為一組。形成「階梯式連線乳丁紋」，雕工簡潔。此璧器形圓正，外緣留有管鑽磨痕，器表乳丁紋飽滿，粒粒皆留有清晰的以直取圓琢痕，地子打磨細緻，為漢代珍品。

考證. 戰國晚期~西漢 穀紋玉璧圖

考證. 戰國晚期~西漢 穀紋玉璧

戰國晚期~西漢(公元前475年~221年)白玉質，扁圓形，兩面淺浮雕穀紋，全器造型簡潔，內外邊緣有出廓線，全器褐色沁。戰國玉器可作為符節器，廣韻「玦如環而有缺，逐臣待命於境，賜環則返，賜玦則絕，義取決。」，環與還同音，歸還之意，玦與決含拒絕之意。和氏璧之後，玉璧就有「價值連城」的美譽。璧在禮儀用玉中，居於最高等級。

玉璧用途大致分為：一、禮祭器，用作祭天、祭神、祭山、祭海、祭星、祭河。二、禮器，用作禮天或身份階級的標誌。三、佩飾或饋贈品。四、作避邪裝飾用。

三璜一璧

全徑 9.1cm

白玉質，一圓形璧，三玉璜，以透雕、平雕及陰刻線紋雕製此玉佩，琢六條龍，玉佩紋飾佈局對稱嚴謹，陰刻線條細膩。

春秋玉器傳承西周風格，至晚期呈多樣化，反應出各諸侯國強盛的政治經濟實力和高超的琢玉水平，形成春秋玉器特殊的風格。春秋玉璧分佩帶玉飾及祭天禮器。此器紋飾形制有春秋晚期神韻。

虹形狀，兩端作簡化雙龍首形，外有棱牙，通體琢隱起的蟠虺紋，地子飾細陰線紋，繫帶孔位於龍口位置。

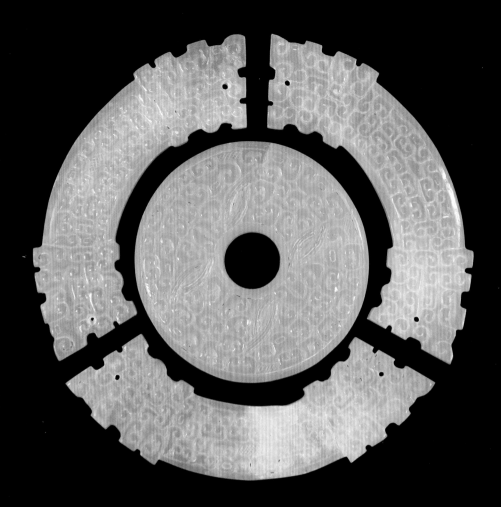

雙龍獸面紋珩

西周

長 10.5cm　　寬3cm

青白玉，淺褐色沁，中央上方桯鑽一孔，珩體呈下弦月形，左右兩端以雙陰線大斜刀紋琢雙龍首，橢圓眼，捲鼻，張口。雙龍身尾沿珩下方延伸至中央，雙龍尾上方琢一獸面紋臣字圓眼，雙眼上方又各琢一龍紋，帶臣字圓眼。兩面紋飾相同且左右對稱，整片珩設計華麗，琢工流暢，以大斜刀工法展現西周遺韻。

玉珩

春秋～戰國

長 16.6cm　　寬 4.4cm

青白玉質，褐黃色沁，器表以春秋晚期減地浮雕法雕琢。

重複的規律紋飾，佈滿勾連浮雕雲紋及具有凹弧面的雲穀紋，左右兩端的器緣，雕琢對稱的扉棱，上下出廓，地子打磨光亮。此玉珩形制為傳統的下弦月造型，繫帶孔鑽在中間上方，用以佩戴，兼具美感的功能。

春秋時期，組佩飾發展成熟，基於串組的需要，玉璜倒向使用，並於中間加穿一孔，成為下弦月形的玉珩，後演變為兩端龍首，是組佩飾中連結上下的主幹。

新石器時代，長江流域，良渚文化已使用玉珩。

考證一. 春秋晚期 雙龍首玉珩

春秋晚期(公元前770年~476年)和闐白玉，褐色沁，碾琢精細。

玉珩盛行於新石器時代至西周。春秋戰國發展成組佩飾。此玉珩虹形狀，兩端作簡化雙龍首形，通體琢隱起的蟠虺紋、雲紋、穀紋、格蒲紋，為淺浮雕裝飾技法，地子飾細陰線紋。左右兩端為張口龍首，兼具穿繫佩帶功能，是組佩重要構件之一。

考證二.

1986年陝西長安遺址，出土西周雙龍首鳳紋玉珩。

考證三.

1988年山西太原遺址，出土春秋晚期雙龍首玉珩。

考證一. 春秋晚期 雙龍首玉珩圖

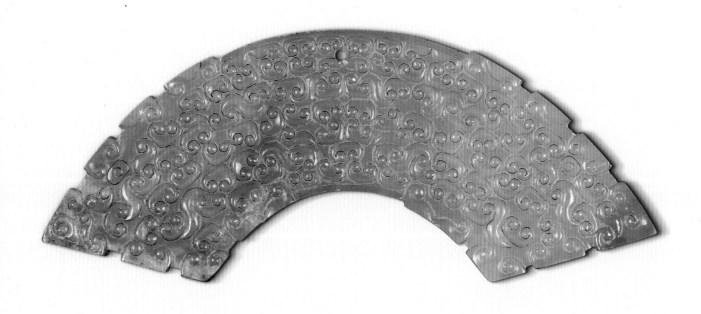

玉珩舞人佩（一對）

長 19.3cm　　寬 9.3cm

青白玉質，雕琢兩端凹弧面龍紋首，對稱，珩璧上布滿浮雕穀紋，龍首張口向下，龍口透雕，出廓連體玉舞人，著長袖衣，一袖高揚飛舞，一袖下垂橫置腰際，長裙曳地，細腰束帶，是西漢翹袖折腰生動舞姿的寫照，出廓鏤空雲紋形，中間鑽一圓孔，造型典雅，為佩戴用。

玉舞人在戰國時期已出現，此對舞人玉珩帶黃褐色沁，沁色自然，鏤雕技藝精湛，體現漢代紋飾工法，為稀有珍品。

戰國連體玉舞人，玉金鏈組佩，現藏美國佛利爾美術館。

洛陽金村遺址，出土戰國玉舞人。

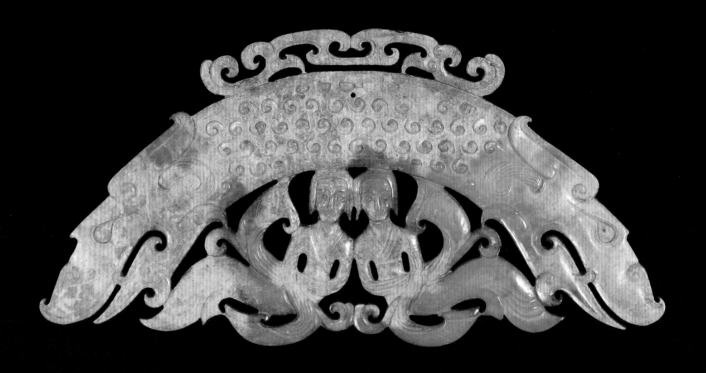

考證一·
戰國連體玉舞人，玉金鏈組佩，現藏美國佛利爾
美術館。

考證二·
洛陽金村遺址，出土戰國玉舞人。

鏤空龍鳳紋佩

長 28cm　寬 12.1cm

扁平長方體，立體平面透雕鏤空，雙S形，雙龍連體，左右對稱，中間雕刻獸面紋，龍腹下出廓，鏤空相背雙鳳，祥雲紋，龍體雕琢雲紋、S紋、穀紋，採用浮雕、鏤空、透雕等各種技法，線條俐落，排列工整有序，風格繁縟華麗。此鏤空龍鳳紋佩與1977年安徽省長豐縣遺址出土戰國晚期鏤空龍鳳玉佩形製接近。

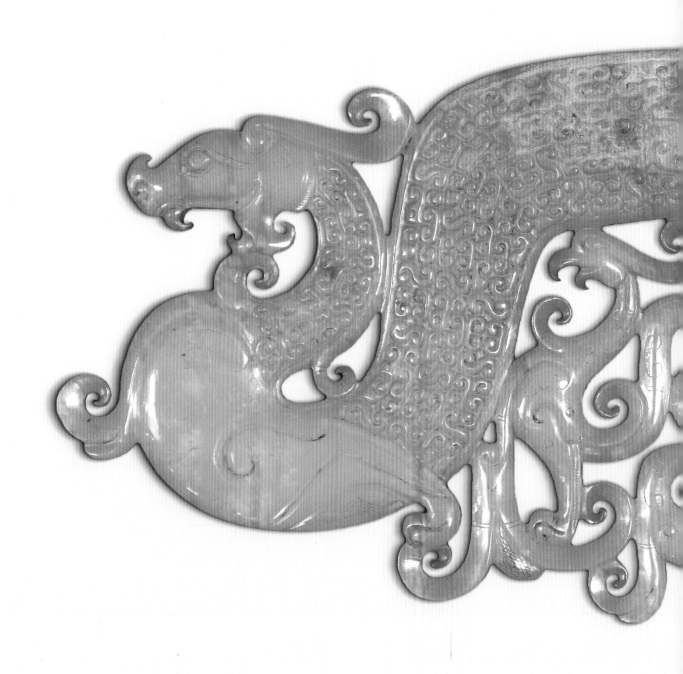

螭紋韘形佩

長 8.8cm　　寬 5.4cm

青白玉質，片狀，橢圓形，螭
熊雙鳳獸面紋飾，立體鏤空浮
雕。上端出尖，下微鼓，背面
略凹，中脊陰刻深線。正面採
用均衡的S形構圖，高浮雕螭熊
雙鳳紋突出於器表上，形成凹
凸面的變化和多視點的特色，
具動態之美。

玉韘初見于商代，流行於春秋
戰國，至漢代則發展為彰顯身
分的透雕片狀韘形佩，紋飾圖
案日趨複雜，多為動物形，宋
元明多沿用漢代的款式。

考證一. 戰國中期　玉韘

戰國中期（公元前475年~221年）白
玉質，底面綠色銅沁，一端斜口，
立弓射箭時套在右手大拇指上，器
表無紋飾，製作難度極高，保存完
美，為稀世珍品。

考證二.

1976年安陽殷墟婦好墓出土的商代
玉韘是迄今發現最早的玉韘，距今
四千年左右。

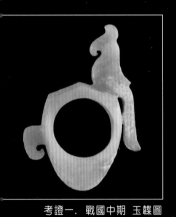

考證一. 戰國中期　玉韘圖

龍紋扳指

徑長 5.4cm　　高 3.8cm

青玉，淺灰色沁，立體圓雕。外壁上下以陰刻線琢兩圈邊框，框內淺浮雕技法琢六對S形龍首捲鼻，橢圓眼，龍身陰刻線琢製纖細，龍身形彎轉流暢，靈動傳神。

清宮檔案有記載，漆扳指盒內配七個臍，以固定扳指之用。盒內蓋上下分別刻楷書乾隆御題詩，詠玉韘和紫玉韘詩，盒下半部內外嚴密合縫，底外填金「和闐玉韘詩」，「乾隆年製」款。

清代宮廷對扳指非常重視，特選上等玉料琢製，既可用於傳統騎射時保護拇指，也是賞玩的珍品，清代皇室帶動了扳指的佩帶，乾隆的御題詩文、吉祥語和圖案鐫刻在扳指上，是前朝所未見。

商代玉韘是射箭時套在大姆指上鉤弦的指套，相當於清代扳指，春秋戰國時期，演變成扁平狀的盾形環，不再是實用器，而是成為佩戴裝飾品。

兩漢時期，韘形佩俗稱雞心佩，為扁片狀，盾形上尖下圓。

玉箍形器

高 8.2cm　　徑 8.3cm

青白玉質，局部雞骨白沁。束腰筒狀，鏤空雕鳳紋及「宜子孫」銘，為漢代形制。

漢代髮式，男女頭戴鏤空透雕髮箍，紋飾多樣，有鳳紋、龍紋，琢製玲瓏剔透，搭配服飾。

四川成都金沙遺址出土青銅立人，手腕上戴有箍形制的裝飾，與此玉箍形器相似。

玉鳳紋箍

漢

箍高 5.9cm　笄長 16.4cm

白玉質，形神優美圓筒形箍，兩端口沿外折，中腰微束，外壁淺浮雕及立體雕鳳紋，地子佈滿乳釘紋細密規整，箍外緣口一圈弦紋。腰間有圓形孔與白玉鳳首髮簪相配（作王冠飾）。

此鳳紋箍採漢代立體浮雕技法，形制罕見，箍形玲瓏剔透，有空靈之美。

『禮記、冠義』中：冠者，禮之始也。冠禮是華夏禮儀度制之首，男子成年戴冠是身份和等級的標誌。平民不戴冠，髮髻上覆巾是謂幘。以玉製冠歷千萬年而不朽，流傳古代王冠的嵯峨風彩。

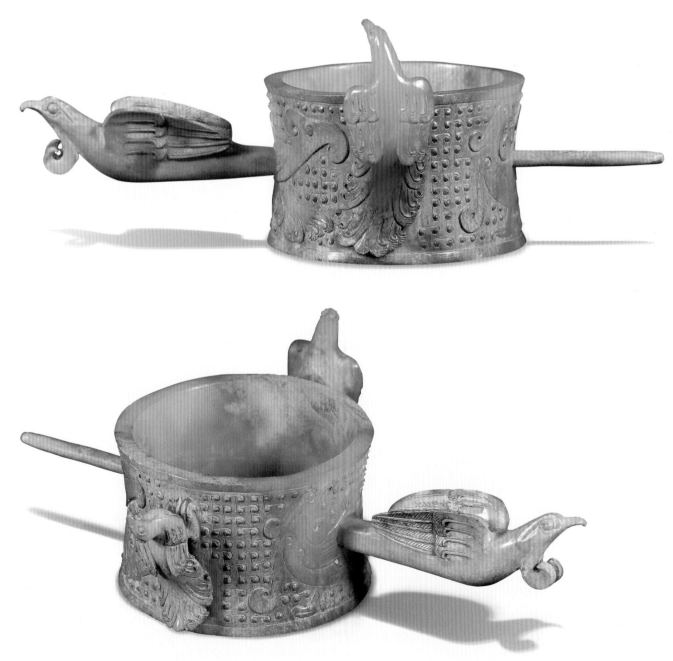

玉箍形器

紅山文化

徑長 8cm　　寬 6.8cm　　高 15.8cm

青玉質，黃褐色沁。體扁筒狀，上大下小，上端斜口，下端
平口，內外壁打磨平滑，邊緣鈍刃狀，有竹、皮打磨後的粗
糙平行拋光紋，依然光澤溫潤。紅山文化玉器反映一人獨尊
的觀念和玉器使用的壟斷性，此器推測為紅山薩滿的法器，
作束髮冠用。

玉箍形器又稱馬蹄形器，是紅山文化具代表性的玉器，又稱
玉筒形器、玉束髮器、玉冠狀器等。

1984年遼寧牛河梁紅山文化遺址發掘，考古確認為紅山文化
的玉器。

考古綜合分析，紅山文化處於母系社會轉向父系社會的重要
歷史階段，進入父系社會後出現了禮制。

紅山文化玉器有一個顯著特徵，就是大多數玉器上有供穿繫
佩帶的孔洞。紅山玉器是薩滿外衣上的法器，衣飾綴滿各種
動物形象的玉器，宗教含意為精靈附體，當精靈進入薩滿身
體，便領著薩滿靈魂前往超自然靈體的世界。

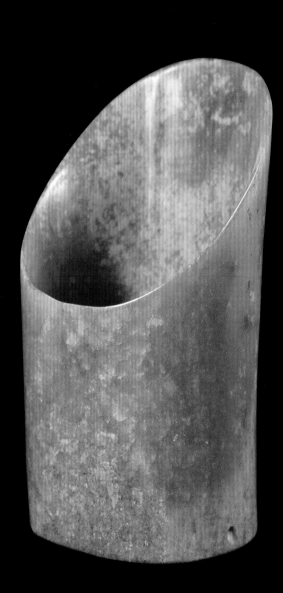

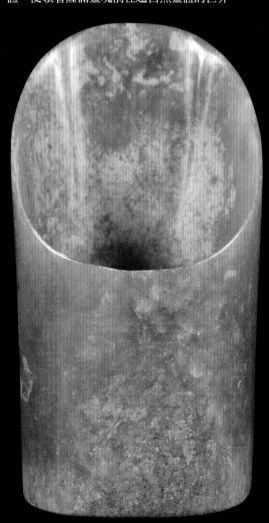

鳳形玉簪 （十件）

均長 16.8cm　　均寬 2.9cm

白玉質，黃色沁，十隻髮簪沁色部位均不相同。玉製頭簪為挽髻、固冠之具，玉質溫
潤。簪柱以雕刻起凸陽紋凹弧面弦紋羽翅為設計，簪首立體鳳鳥紋，以平面減地法浮
雕，鳳首作直視或回首狀，整體形制神韻近漢代。

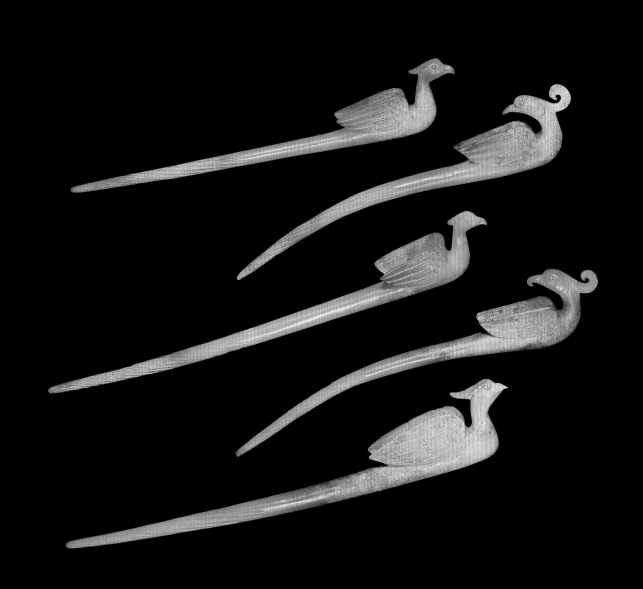

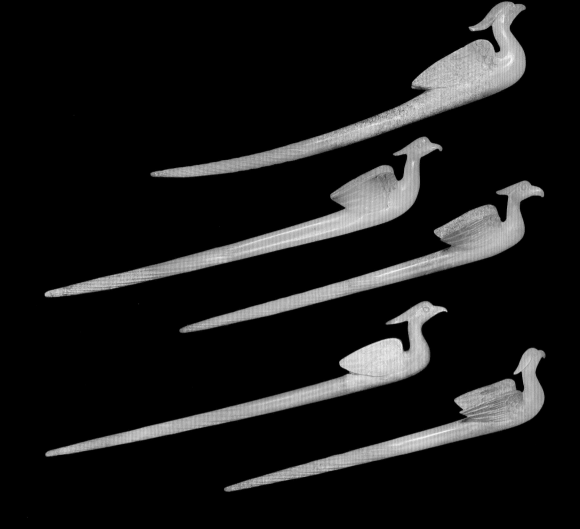

皇帝在節日賜給大臣的禮物通常是簪，古時罪犯不許帶簪，貴為后妃若有過失
，也要退簪，簪象徵尊嚴。

簪源自新石器時代，至商周時期以骨為材料，漢代以牙、玉製作。一為實用性
固定髮髻用，二為珍貴材料的裝飾簪，梳理後穿戴在明顯位置。簪頭雕刻有植
物形、動物形、器物形等。

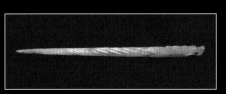

考證. 漢 龍形玉簪圖

337

玉觽

西周

長 10.8cm　　寬 1.8cm　　高 1.8

青玉質，黃褐透青色沁，色勻稱，圓柱體，獸形龍首，出外廓，中間周圍凹凸陰刻線紋。分五層，分飾不同紋飾，象徵龍首的卷鼻、眉尖、角，龍身單陰線刻直角雲紋，龍首嘴鑽一孔，供穿繫佩帶。此觽器形別緻，紋飾細膩流暢，有大斜刀遺風又飾網格紋，為西周以後珍品。

根據『說文』，「觽」是一種佩帶的獸角形器，末端尖銳，可做解繩結用。古時形仿獸牙，為古人佩觽習俗的遺痕，大都一端雕刻龍首。古早服飾不使用鈕扣，皆以繩結相連，解衣釋服則多需借助於專用器具，被製作成解結或解鎖，形制一端粗闊，一端尖細彎角，後以玉仿其形，雕琢成一端較圓另一端較尖細的彎角形佩飾，形姿優美，線條流暢，展現了古代能工巧匠的藝術造型魅力。

各時代玉觽造型變化繁複，除用於佩帶外，並為古人解困惑之器具，上端粗大下端尖銳的特徵，代表人類聰穎智慧有解決困難的能力。

新石器時代玉觽，出土於江蘇張陵山良渚文化遺址，呈扁平角狀，商周多作牙形。玉觽有龍、虎、獸、鳥形象。

考證一. 西漢 絃紋玉觽

西漢(公元前206年~公元8年)青白玉質，褐色沁，呈細長彎月牙狀，曲線彎轉自然，以寬扭絲紋線條裝飾。一端琢龍紋首，另一端似錐狀，呈現彎月形體。龍嘴鑽孔有輪廓線，龍首雕動物紋，風格造型稀少，雕琢圓弧扭絲紋，難度極高。全器注重線條運用，雕琢刀工起落有致，為王室文物。

玉觽流行於商代，至西周、春秋戰國，漢代開始漸不流行，除佩帶的裝飾功能外，古人用作解繩結的工具，各朝代的造型變化繁複不同，但不離上端粗大下端尖銳的特徵，佩觽代表具有解決困難的能力，也是智慧的表現。

新石器時代出土良渚文化的玉觽，呈扁平角狀，兩端以透雕鏤刻Y形花紋。商周時代造型簡潔，多作牙形，上端穿孔，下首尖銳。春秋戰國時期形制多變化，玉觽成為動物形象，動物的頭部為上端，尾部琢成銳角，身體彎曲成自然曲線，透雕結合隱起的紋飾，使形象變化奇特，造型生動。

漢代玉觽多呈細長狀和寬三角形，紋飾有絞絲紋、勾雲紋，並刻出輪廓線，一端龍首一端錐狀形，僅龍首鑽一孔，器身用陽陰線琢出獸首。

考證一. 西漢 絃紋玉觽圖

考證二.

1977年江蘇遺址出土良渚文化玉觽。

考證三.

台北故宮博物院珍藏東周玉觽。

考證四.

天津博物館珍藏龍形玉觽。

考證五.

南京博物院珍藏良渚文化玉觽。

玉魚 (一)

長 9.9cm 寬 0.5cm

藝術源於生活，西周形制玉魚勾
勒出生動的藝術形象。

玉魚 (二)

長 7cm 寬 2cm

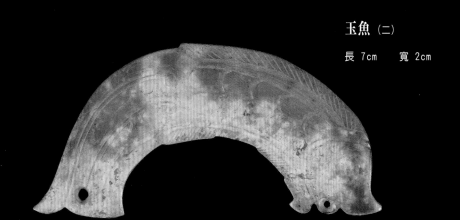

榖紋圓玏 (一)

戰國

底徑 1.1cm　長 4.2cm

白玉質，褐白色沁，質地溫潤，皮殼有光澤，有喇叭狀通天孔可穿繩線，全器佈滿規律整齊的浮雕榖紋，長立體狀圓雕。

榖紋技藝在春秋戰國及漢代被大量運用在不同造型的器物上，雕琢時須注意凸出地子的榖紋顆粒大小是否均勻，頂端的榖紋弧面處理是否弧圓一致，顆粒相互間距離是否對稱等細節。

新石器時代，古人以兩頭鑽孔相通的獸骨穿繩佩帶，後以玉石代替，並雕紋飾作佩飾，即為「玏子」，戴在頸間或腰間。玏子種類很多，有圓玏、方玏、扁長玏、束腰玏、雲紋玏、六角柱形玏、三角柱形玏、紡錘形玏等。玉玏寓意為祈福富貴圓滿。

(一)

榖紋圓玏 (二／一對)

戰國

均底徑 0.8cm　均長 3.9cm

白玉質，褐白色沁，器表佈滿規律的浮雕榖紋，工整流暢，琢工精湛，榖紋飽滿，正面側視皆具立體美感。

戰國早期的玉器紋飾傳承春秋晚期，虺龍紋解體成雲榖相雜紋，中期發展出單一重複的規律雲紋或榖紋，排列整齊佈滿器表。

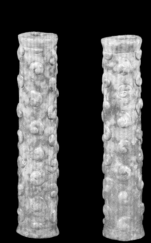

(二)

榖紋圓玏 (三)

圖一、長 13.2cm

圖二、長 12.6cm

白玉質，沁色均勻，圓柱形。全管琢三圈扭繩紋，將玉管分為四區，各區均琢雲榖相雜紋，排列工整，錯落分明，有春秋戰國古韻。

(三／圖一)

(三／圖二)

獸面鳳紋玏

高 8.5cm　　寬 4.3cm

白玉質，局部氧化鐵沁，立體浮雕獸面鳳鳥紋玏，玉玏中間以雙圈弦紋琢一凹弧面束腰區區隔，上半部琢雙鳳紋鳳首相對，雙鳳尾向上捲起，形姿優美。下半部琢獸面紋，雙目凸出，鼻樑琢短細陰刻線。鳳鳥紋及獸面紋均為雙面工。

玏桯鑽通心圓孔，可繫繩穿戴。玏體出廓，外緣雕琢立體鳳鳥紋，作相視狀，具平衡效果，造型奇特，漢代風格。

考證. 圓玏

考證. 圓玏圖

341

花

絮

與承接傳統與創新的
文學大師余光中先生暨夫人范我存女仕合影
2017年3月10日　高雄西子灣

《 國立雲林科技大學藝術中心展覽現場 》

《 雲林縣政府親民廳展覽現場 》

雲縣府 璓玉工藝珍藏特展

台灣新生報 | 617人追蹤 追蹤
【記者劉春生/雲林報導】2018年1月6日 上午12:00

一○七年開春之際，雲林縣政府結合國內對藝文推廣與支持的金融界藏家，三日起至二十三日於縣府親民空間展示區舉辦「璓玉工藝珍藏特展」，展出璓玉藝術玉器工藝歷史圖及珍品，歡迎喜愛古典工藝藝術鄉親，踴躍蒞臨參觀。

本次展出玉器美學藝術風格豐富多元，精選玉器珍藏圖具有玉文化藝術教育的意義與美學之巔表現，在欣賞玉圖的同時，也傳遞玉器的文化及歷史，穿越古今時空，了解玉器技藝歷史之粹，燦爛文明足跡令人驚豔。

看這些話題的相關文章： 雲林縣政府 玉器

雲林縣政府 全球資訊網
YUNLIN COUNTY GOVERNMENT

:: 目前位置：首頁 > 焦點消息 > 縣府新聞

縣府新聞

「璓玉工藝珍藏特展」即日起至1月23日 縣府親民空間展示廳展出

2018.01.05

活動訊息內容

雲林縣政府新聞參考資料107.1.5

107年開春之際，雲林縣政府結合國內對藝文推廣與支持的金融界藏家，自1月3日起至1月23日於縣府親民空間展示區舉辦「璓玉工藝珍藏特展」，展出璓玉藝術玉器工藝歷史圖及珍品，歡迎喜愛古典工藝藝術鄉親，踴躍蒞臨參觀。

玉器藝術的精湛，展現古今文明極高的藝術水平，凝結了歷史的風華，玉文化締造頂極工藝，留下最燦爛的文明足跡，不同年齡有不同感悟，而玉器技藝與質地之美，千變萬化，透過展出的機

351

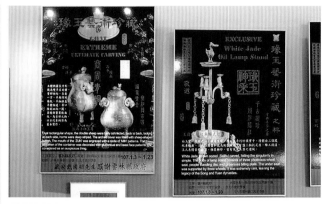

銘　　謝

台灣集中保管結算所股份有限公司	董事長　林修銘 先生 總經理　孟慶蕊 先生	
中華民國證券商業同業公會	理事長　簡鴻文 先生	
中華企業會計協會	理事長　廖三郎 先生	
台北市會計學會	理事長　陳清風 先生	
中華兩岸玉器交流協會	理事長　王豫生 先生 執行長　胡蓓茵 女士	
台灣證券交易所	前總經理　吳光雄 先生	
新光三越百貨股份有限公司	董事長　吳東興 先生 總經理　吳昕達 先生	
新日興股份有限公司	董事長　呂勝男 先生 事業群總經理　阮朝宗 先生	
晶華國際酒店股份有限公司	董事長　潘思亮 先生 總經理　林明月 先生	
智崴資訊科技股份有限公司	董事長　黃仲銘 先生 總經理　歐陽志宏 先生	
益張集團	董事長　陳新約 先生 副董事長　黃秀英 女士 總經理　邱明鶴 先生	
佳總興業股份有限公司	董事長　曾繼立 先生	
台灣龍盟科技股份有限公司	董事長　梁石輝 先生	
萬達國際物流股份有限公司	董事長　王成發 先生	
華固建設股份有限公司	協理　姚秀琴 女士	
壺藝堂陶瓷美術館	館長　黃健育 先生	
中央研究院	博士　羅芬臺 先生	
祐民綜合醫院	前院長　葉時光 先生	
天賜福星國際有限公司	負責人　王格瑜 先生	
真誠福星有限公司	負責人　戴月美 女士	
國際獅子會300-A2區	2016~2017年度總監　黃秀榕 女士	

新光金融控股股份有限公司	董事長	吳東進 先生
台新金融控股股份有限公司	董事長	吳東亮 先生
新光合成纖維股份有限公司	董事長	吳東昇 先生
新光國際租賃股份有限公司	總經理	蕭志隆 先生
新光產物保險股份有限公司	董事長 總經理	吳昕紘 先生 何英蘭 女士
新光紡織股份有限公司	董事長 總經理	吳昕恩 先生 邱錦發 先生
台新綜合證券股份有限公司	董事長 總經理	林維俊 先生 林献群 先生
台新創業投資股份有限公司	董事長 總經理	謝壽夫 先生 林宇聲 先生
台灣聯通停車場開發股份有限公司	董事長	陳姸臻 女士
元富證券股份有限公司	副董事長	林明星 先生
華立企業股份有限公司	董事長 總經理	張瑞欽 先生 張尊賢 先生
雙鴻科技股份有限公司	董事長	林育申 先生
國鼎生物科技股份有限公司	總　裁 董事長	吳麗玉 女士 劉勝勇 先生
工信開發股份有限公司	董事長	江啟靖 先生
萬寶祿生物科技股份有分公司	董事長	林淑惠 女士
長龍企管顧問有限公司	董事長	陳巧蓉 女士
德欣先進股份有限公司	董事長	賴信義 先生
曠野汽車有限公司	負責人	劉碧霞 女士
鄭董事長 家鐘 先生		
台新綜合證券股份有限公司	法人部	
台新國際商業銀行	股務代理部　全體同仁	
國立成功大學	會計系　66年班	

朝代簡表

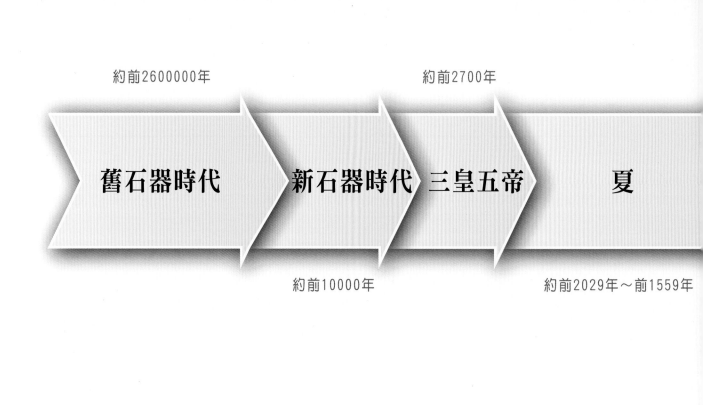

約前2600000年

約前2700年

舊石器時代

新石器時代

三皇五帝

夏

約前10000年

約前2029年～前1559年

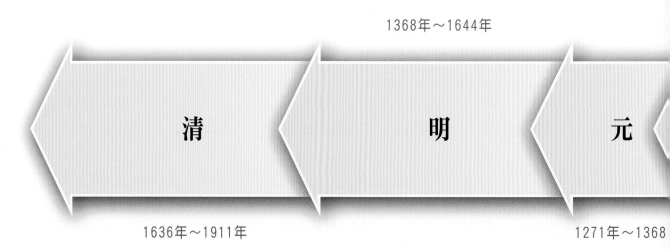

1368年～1644年

清

明

元

1636年～1911年

1271年～1368

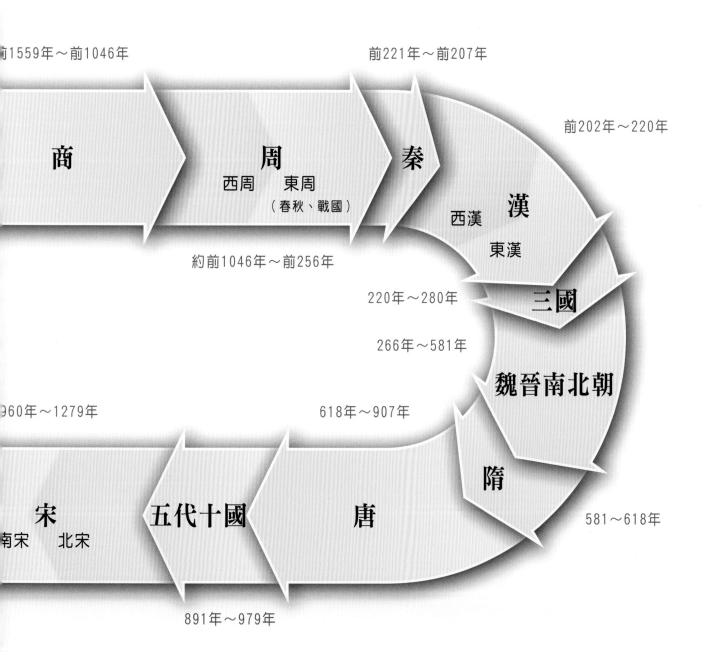

前1559年～前1046年

前221年～前207年

前202年～220年

商

周
西周　東周
（春秋、戰國）

秦

漢
西漢
東漢

約前1046年～前256年

220年～280年

三國

266年～581年

魏晉南北朝

960年～1279年

618年～907年

隋

宋
南宋　北宋

五代十國

唐

581～618年

891年～979年

國家圖書館出版品預行編目資料

璟玉藝術珍藏特展／戴國明收藏；戴豪甫等編輯.
--初版. --臺北市；真誠福星. 2018.11
面；　公分

ISBN 978-986-97131-0-8（精裝）

1.玉器　2.蒐藏品　3.中國

794.4　　　　　　　　107018971

璟玉藝術珍藏特展

發 行 人：戴月美

收 藏 者：戴國明

執 行 策 展：戴豪甫、王格瑜、邱顯源、陳志堅

文 化 顧 問：王豫生、陳敏明、邱鐙鋒、丁元春

執 行 顧 問：蔡榮棟、林育申、黃沁超、孫合文

編 　　 輯：戴豪甫、戴利帆、林閩曄、郭乙萱

攝 　　 影：彥霖攝影事務有限公司

美 術 設 計：蘇俊吉、陳昱熏

第一次展覽：日 　　 期：2017年11月7日~12月21日
　　　　　　主辦單位：國立雲林科技大學 藝術中心
　　　　　　　　　　　雲林縣斗六市大學路三段123號
　　　　　　協辦單位：中華企業會計協會

第二次展覽：日 　　 期：2018年1月3日~1月23日
　　　　　　主辦單位：雲林縣政府 親民空間
　　　　　　　　　　　雲林縣斗六市雲林路二段515號
　　　　　　協辦單位：中華企業會計協會
　　　　　　　　　　　臺北市會計學會

出 版 發 行：真誠福星有限公司

地 　　 址：臺北市中山區南京東路1段25號8樓之2

電 　　 話：02-89123403

訂 　　 價：2800元

I S B N：978-986-97131-0-8（精裝）

初 　　 版：2018年12月